La mise en œuvre du Droit international humanitaire en Centrafrique

Collection « Études africaines »

dirigée par Denis Pryen et son équipe

Forte de plus de mille titres publiés à ce jour, la collection « Études africaines » fait peau neuve. Elle présentera toujours les essais généraux qui ont fait son succès, mais se déclinera désormais également par séries thématiques : droit, économie, politique, sociologie, etc.

Dernières parutions

Charlie MBALLA (dir.), *L'État dans les Afriques. État des lieux en Afrique subsaharienne. Nouvelle édition*, 2024

Maman Aminou A. KOUNDY, La gouvernance du secteur judiciaire au Niger, Regards critiques, 2024.

Paul G. ACLINOU, *Le premier festival mondial des arts nègres. Ou la négritude cinquante-cinq ans après,* 2024.

Sous la direction de Yao-Edmond KOUASSI, C*ulture, africanologie et humanisme, Hommage au professeur Abou Karamoko*, 2024.

Alpha BA, *Tragédie rwandaise : l'échec fatal de la solution négociée, Responsabilités et répercussions dans la région des Grands Lacs,* 2024.

Cédric ONDAYE-EBAUH, *Vous avez dit développement ?, Nouvelle édition,* 2024.

Francky BOLAMBULI BOSINGA, *Le devoir de l'Homme africain. Repenser la démocratie et la culture négro-africaine avec Phambu Ngoma-Binda*, 2024.

Albert JIOTSA (coord.), *Dynamique de la protection sociale de l'enfance au Cameroun et en Afrique*, 2024.

Ahmed Salem OULD MOHAMED BABA, I*ntroduction au dialecte ḥassāniyya de Mauritanie. Étude grammaticale et lexicale*, 2024.

Emmanuel NGWE, *La population du Cameroun, Du comptage des effectifs à l'analyse des phénomènes démographiques*, 2024.

Guy-Eugène Demba

La mise en œuvre du Droit international humanitaire en Centrafrique

De la théorie à la pratique

L'Harmattan

5-7, ru l'École Polytechnique, 75005 Paris
http://www.editions-harmattan.fr
ISBN : 978-2-336-43604-3
EAN : 9782336436043

En mémoire des victimes des crimes de guerre en République Centrafricaine.

Remerciements

Nos vifs et sincères remerciements :

- à tous ceux qui, de près ou de loin, ont contribué à la réalisation de cette étude ;
- au Docteur Toumandji Futher de Borgia et au frère dominicain Jean-Philippe Ntede Ntede pour leur appui technique ;
- à notre famille biologique.

Sigles & Abréviations

3R :	Retour, Réclamation et Réhabilitation
AFJC :	Association des Femmes Juristes de Centrafrique
AGNU :	Assemblée Générale des Nations Unies
AJIL :	American Journal of International Law
AMM :	Association Médicale Mondiale
ANE :	Autorité Nationale des Elections
Antibalaka :	Milice d'auto-défense née des conflits militaro-politiques en Centrafrique à partir de 2013
APPR-RCA :	Accord Politique pour la Paix et la Réconciliation en République Centrafricaine
Art.	Article
CANI :	Conflit Armé Non International
CARE :	Organisation non gouvernementale de secours d'urgence et de développement
CEEAC :	Communauté Economique des États de l'Afrique Centrale
CEMA :	Chef d'État-major des Armées
CEMAC :	Communauté Economique et Monétaire de l'Afrique Centrale
CICR :	Comité International de la Croix-Rouge
CIJ :	Cour Internationale de Justice
CIMM :	Comité International de Médecine Militaire
CNRS :	Centre National de la Recherche Scientifique
CONADIH :	Commission Nationale pour le Droit International Humanitaire
DIDH :	Droit International des Droits de l'Homme
DIH :	Droit International Humanitaire
EMSP :	Entreprises Militaires de Sécurité Privée
ESFOA :	École Spéciale de Formation des Officiers d'Active
EUTM-RCA :	European Union Training Mission in Central African Republic
FACA :	Forces Armées Centrafricaines
FDPC :	Front Démocratique du Peuple Centrafricain
FDS :	Forces de Défense et de Sécurité

FDSI :	Forces de Défense et de Sécurité Intérieure
FICR :	Fédération Internationale des Sociétés de la Croix-Rouge
FIDH :	Fédération Internationale des Droits de l'Homme
FPRC :	Front Populaire pour la Renaissance de la Centrafrique
FSI :	Forces de Sécurité Intérieure
GANE :	Groupes Armés Non-Étatiques
HEGC :	Haute Ecole de Gestion et de Comptabilité
Ibid. ou ibidem :	locution latine signifiant « même endroit »
ISM :	Institut Supérieur de Management
MICOPAX :	Mission de Consolidation de la paix de la CEEAC en RCA
MINUSCA :	Mission Multidimensionnelle Intégrée des Nations Unies pour la Stabilisation en République Centrafricaine
MINUSMA :	Mission Multidimensionnelle Intégrée des Nations Unies pour la Stabilisation au Mali
MISCA :	Mission Internationale de Soutien à la Centrafrique sous conduite Africaine
MONUSCO :	Mission de l'Organisation des Nations Unies pour la Stabilisation de la République Démocratique du Congo
MPC :	Mouvement Patriotique Centrafricain
MPTI :	Mécanisme des Nations Unies pour les Tribunaux Pénaux Internationaux
MSF :	Médecins Sans Frontières
OCHA :	Bureau de la Coordination des Affaires Humanitaires des Nations Unies
OEA :	Organisation des États Américains
OIAC :	Organisation pour l'Interdiction des Armes Chimiques
OIG :	Organisations Inter-gouvernementales
OMP :	Opérations de Maintien de la Paix
ONG :	Organisation Non Gouvernementale
ONU :	Organisation des Nations Unies
Op. cit. :	*opus citere/* ouvrage déjà cité
OSC :	Organisations de la Société Civile

OTAN :	Organisation du Traité de l'Atlantique Nord
OUA :	Organisation de l'Unité Africaine
p. :	Pages
PA I :	Protocole Additionnel I
PA II :	Protocole Additionnel II
QRC :	Croix-Rouge du Qatar
RCA :	République Centrafricaine
RCADI :	Recueil des Cours de l'Académie de Droit International de La Haye
RGDIP :	Revue Générale de Droit International Public
RICR :	Revue Internationale de la Croix-Rouge
RSS :	Réforme du Secteur de la Sécurité
Sango :	Langue nationale parlée en Centrafrique
Séléka :	« Coalition » ou « alliance » en sango, nom attribué au groupe armé hétéroclite ayant chassé du pouvoir le Président François Bozizé en 2013
Sous la dir. de :	Sous la direction de
Système LMD :	Système Licence-Master-Doctorat
TMP :	Tribunaux Militaires Permanents de Nuremberg et de Tokyo
TPIR :	Tribunal Pénal International pour le Rwanda
TPIY :	Tribunal Pénal International pour l'ex Yougoslavie
TSL :	Tribunal Spécial pour le Liban
TSSL :	Tribunal Spécial pour la Sierra Leone
UA :	Union Africaine
UCM :	Unité de Cession du Médicament
UFDR :	Union des Forces Démocratiques pour le Rassemblement
UMIRR :	Unité Mixte d'Intervention Rapide et de Répression des violences sexuelles faites aux femmes et aux enfants
UNESCO :	Organisation des Nations Unies pour l'Education, la Science et la Culture
UPC :	Union pour la Paix en Centrafrique
Vol. :	Volume
WALOMBE :	Faculté Privée de Droit « Walombé »

Zo kwè zo : en *sango* signifie : « Toute personne est un être humain ».

SOMMAIRE

INTRODUCTION

S'il est communément dit dans l'opinion nationale que la République Centrafricaine est une terre de tous les complexes, cette affirmation est tout autant observable que vraie au sujet de l'effectivité du Droit International Humanitaire dans ce pays. Peu peuplée, enclavée et située au cœur du continent africain avec une superficie de 623.000 km2, la République Centrafricaine figure parmi les plus pauvres et les plus fragiles pays au monde malgré l'importance de sa richesse en ressources naturelles. Elle a des frontières communes avec le Cameroun, le Tchad, les deux Congo et les deux Soudan.

Depuis les deux dernières décennies, il peut être noté une nette amélioration de la connaissance du Droit International Humanitaire due, non seulement, à l'adhésion de l'État à la majorité des textes conventionnels et aux pratiques humanitaires, mais également et surtout, à la présence d'une multitude de mécanismes institutionnels et juridictionnels chargés de poursuivre les graves et massives violations du DIH qui y ont eu cours. Ces violations figurent parmi les principales causes de la recrudescence des violences politiques et armées, qui continuent de saper tous les efforts possibles de paix. Il est important de rappeler que la République Centrafricaine a connu, au cours desdites décennies, non pas une, mais plusieurs crises militaro-politiques. Ces crises sécuritaires ont engendré de nombreuses victimes de graves violations du Droit International Humanitaire. Certains de leurs auteurs sont libres de circulation pendant que d'autres occupent de plus hautes fonctions de l'État, notamment, au sein du gouvernement. C'est à croire que dans ce pays, l'impunité, phénomène aux sources très historiques[1], au caractère permanent et généralisé, créant la « déliquescence de l'État » et installant la « spirale de violences armées en guise de régulateur des cycles politiques »[2], était devenue la règle.

---

[1] Rodolfo Mattarollo, « Impunity and International Law », *Revue Québécoise de Droit International*, vol. 11-1, 1998, Cinquantenaire de la Déclaration Américaine des Droits et Devoirs de l'Homme, p. 81-94. Lire également Louis Joinet, « Le rôle des archives dans la lutte contre l'impunité », *Matériaux pour l'histoire de notre temps*, n°72, 2003, p. 50-52.

[2] Jean-François Akandji-Kombé, Catherine Maia, « La Cour Pénale Spéciale centrafricaine : les défis de la mise en place d'une justice pénale internationalisée

En effet, les rares poursuites judiciaires déclenchées à l'occasion des sessions de la Cour Criminelle de Bangui, de la Cour Pénale Internationale ou encore de la Cour Pénale Spéciale apparaissent comme des exceptions à ladite règle. Les violences qui ont suivi la prise du pouvoir par la coalition *Séléka* en 2013 et la réaction du mouvement *Antibalaka* en décembre de la même année ont provoqué l'insécurité totale et ébranlé le tissu économique et social du pays. Comme si cela ne suffisait pas, le déclenchement d'une autre crise de la même ampleur par la Coalition des Patriotes pour le Changement (CPC) en décembre 2020 a, une fois de plus, révélé le caractère récurrent et systématique de la commission des graves violations des règles du Droit International Humanitaire et du Droit International des Droits de l'Homme dans le pays. Rappelons que la CPC est une plateforme de groupes armés centrafricains qui a été créée le 17 décembre 2020 par la fusion de six groupes armés dont quatre sont issus de l'ex-coalition *Séléka* et de deux des anciens groupes des *Antibalaka*. Son intention déclarée était de bloquer la réélection du Président Faustin Archange Touadéra à la magistrature suprême pour un second mandat.

Depuis son indépendance en 1960, le pays est confronté à des troubles sociopolitiques qui se soldent, la plupart du temps, par des coups d'État à répétition. La dernière crise, qui prend son ampleur en 2013, favorisant la prise du pouvoir par la coalition de plusieurs groupes armés, dénommée *Séléka,* a marqué à jamais l'histoire de ce pays, ne fut-ce que par la gravité des violences et des destructions suscitées et dont les conséquences se font encore sentir sur les efforts de reconstruction de la paix en cours. La République Centrafricaine apparaît ainsi comme ployant sous le poids d'un retour de l'histoire, selon les analyses d'Emmanuel Chauvin[1], à travers de grandes croisades à ramification régionale, portées respectivement en 2003 et 2013 par les « libérateurs », groupe d'éléments rebelles dirigé par l'ex-chef d'état-major des armées centrafricaines, le général

---

en République Centrafricaine », *Revue Belge de Droit International*, Edition Bruylant, Bruxelles, 2017/1, p. 129-154.
[En ligne]. Disponible sur : https://jfaki.blog/wp-content/uploads/2020/05/Jean-Francois_AKANDJI-KOMBE_Catherine_MA.pdf. Consulté le 04.12.21.

[1] Emmanuel Chauvin, *La guerre en Centrafrique à l'ombre du Tchad. Une escalade conflictuelle régionale ?* Etude réalisée pour l'Observatoire Pharos à la demande de l'Agence Française pour le Développement, Collection Études de l'AFD, p. 119.

François Bozizé et par la *Séléka*, rappelant ainsi le fait que le pays a été bien avant son occupation coloniale, une « terre de razzia »[1]. Dans un tel contexte historique, le défi de l'effectivité ou du respect du Droit International Humanitaire a été posé et continue de l'être aujourd'hui, avec une acuité remarquable.

Pour bien comprendre la suite de notre développement, il est intéressant de rappeler la définition du concept « Droit International Humanitaire ». Cette science juridique constitue une branche du Droit International Public qui régit les relations, non seulement, entre États et organisations internationales ou régionales à l'exemple, entre autres, de l'Union Européenne[2], mais également avec d'autres sujets de droit international tels que les Groupes Armés Non-Étatiques[3], les forces multinationales, notamment les Opérations de Maintien de la Paix[4], et les Entreprises Militaires de Sécurité Privée[5] pour ne citer que ces exemples-là. Le Droit International Humanitaire est couramment défini comme l'ensemble des règles juridiques d'origine conventionnelle et coutumière ayant une double finalité. La première est de garantir que les personnes qui ne participent pas ou plus directement aux hostilités soient protégées et traitées avec humanité. Il en est de même à l'égard des biens de caractère civil qui doivent être épargnés. La seconde vise à restreindre les moyens et les méthodes de guerre que peuvent employer les parties à un conflit[6]. Également appelé « droit de la guerre » ou « droit des conflits armés », il est, par essence, le « *jus in*

---

[1] Jean-François Akandji-Kombé, Catherine Maia, *op. cit.*

[2] Frederik Naert, « Observation du droit international humanitaire par les forces placées sous le commandement de l'Union européenne », *RICR*, Perspectives sur le DIH et les forces multinationale, volume 9, Sélection française 2013 / 3 et 4, p. 127-135.

[3] Jann Kleffner, « L'applicabilité du droit international humanitaire aux groupes armés organisés », *Revue Internationale de la Croix-Rouge*, volume 93 Sélection française 2011 / 2, p. 141-161.

[4] Tristan Ferraro, « Applicabilité et application du droit international humanitaire aux forces multinationales », *Revue Internationale de la Croix-Rouge*, volume 95 Sélection française 2013 / 3 et 4, p. 71-125.

[5] Voir le Document de Montreux, Comité international de la Croix-Rouge, Genève (Suisse), novembre 2010, p. 5 et suiv.

[6] Jean Pictet, *Développement et Principes du Droit international humanitaire*, Institut Henry-Dunant, Genève, et Éditions A. Pedone, Paris, 1983, p. 2 et suiv.

bello » par opposition au « *jus ad bellum* »[1]. En substance, le Droit International Humanitaire rassemble les règles de droit international qui définissent des normes minimales d'humanité devant être respectées dans toute situation de conflit armé : conflits armés internationaux et conflits armés non-internationaux. Cela vaut de même dans les situations de conflit armé internationalisé ou hybride. C'est ce qu'exprime la Chambre d'appel du Tribunal Pénal International pour l'Ex-Yougoslavie dans l'Arrêt *Tadic* en ces termes : « les conflits dans l'ex-Yougoslavie auraient pu être qualifiés à la fois d'internes et d'internationaux ou [de] conflit internes parallèles à un conflit international, ou [de] conflit interne qui s'est internationalisé du fait d'un soutien extérieur, ou [de] conflit international remplacé ultérieurement par un ou plusieurs conflits internes, ou quelque combinaison de ces situations »[2]. Il est inutile de rappeler que le DIH ne prend pas en compte les situations de tensions internes ou de troubles intérieurs, comme les actes de violence isolés. Celles-ci sont encadrées par le droit interne de chaque État et le Droit International des Droits de l'Homme.

Qu'est-ce que signifie « la mise en œuvre du Droit International Humanitaire » ? Parmi plusieurs doctrinaires, Pietro Verri, dans son « Dictionnaire du droit international des conflits armés »[3], explique le concept en le définissant comme l'obligation de respecter et de faire respecter en toutes circonstances les normes du droit des conflits armés et que cette obligation incombe aux États Parties aux instruments dudit Droit dont découlent les exigences qui vont de la diffusion des normes en question à la répression des infractions graves à celles-ci. Il s'agit donc d'une obligation conventionnelle qui, en plus de lier les parties aux conflits, s'étend au-delà de celles-ci, puisqu'elles sont censées, non seulement, respecter le Droit

---

[1] François Bugnion, « *Jus ad bellum, jus in bello* et Conflits Armés Non Internationaux ».
[En ligne]. Disponible sur : http://www.icrc.org/Web/fre/sitefre0.nsf/html/francois-bugnion-article-150306. Consulté le 11.11.2021.

[2] Voir Tribunal Pénal International pour l'ex-Yougoslavie (TPIY), Chambre d'Appel, *Arrêt rendu le 15 juillet 1999 dans l'Affaire n° IT-94-1-A*.
[En ligne]. Disponible sur : https://www.icty.org/x/cases/tadic/acjug/fr/tad-991507f.pdf. Consulté le 25.02.2023.

[3] Pietro Verri, *Dictionnaire du droit international des conflits armés*, (traduit de l'italien par Inès Mottier et adapté par Antoine A. Bouvier), Comité International de la Croix-Rouge, Genève 1988, p.108.

International Humanitaire elles-mêmes (les parties aux conflits), mais également, veiller individuellement ou en coopération avec d'autres États, dans le cadre des organisations internationales ou régionales, à ce que d'autres respectent cet engagement[1]. Ainsi, si l'obligation des États de respecter le Droit International Humanitaire fait partie de leur obligation générale de respecter le droit international, laquelle est inscrite dans les Conventions de Genève de 1929 et de 1949, l'article premier commun aux Conventions de Genève du 12 août 1949 en a, toutefois, élargi la formulation pour inclure une obligation de « faire respecter ». Cette obligation de respecter et de faire respecter se trouve également au Protocole additionnel I. Elle figure en *sus* dans un nombre considérable de manuels militaires et est étayée par la pratique d'organisations internationales et de conférences internationales. En effet, dès 1965, la XXème Conférence Internationale de la Croix-Rouge avait souligné qu'il était d'une « importance primordiale » que les gouvernements qui fournissent des contingents aux Nations Unies donnent à leurs troupes, avant le départ de leur pays, un enseignement adéquat sur les Conventions de Genève[2].

En outre, cette obligation conventionnelle est présente dans la jurisprudence internationale. Il suffit de prendre connaissance des décisions rendues à ce sujet par la Cour Internationale de Justice (CIJ) de La Haye, notamment, dans son Avis consultatif sur la licéité de la menace ou de l'emploi d'armes nucléaires, pour s'en convaincre[3].

---

[1] Voir Conseil de Sécurité des Nations Unies : les résolutions 788, 834, 851, 864, 985,1001, 1041,1059, 1071, 1083, 1193 et 1213. Voir également Assemblée Générale des Nations Unies : les résolutions 2677 (XXV), 2852 (XXVI), 2853 (XXVI), 3032 (XXVII), 3102 (XXVIII), 3319 (XXIX), 3500 (XXX), 32/44, la 40/137 et 50/193.

[2] Lire Umesh Palwankar, « Applicabilité du droit international humanitaire aux Forces des Nations Unies pour le maintien de la paix », *RICR,* p. 249.
[En ligne]. Disponible sur :
https://internationalreview.icrc.org/sites/default/files/S003533610008775Xa.pdf. Consulté le 28.12.2023.

[3] Lire Louise Doswald-Beck, « Le droit international humanitaire et l'avis consultatif de la Cour internationale de Justice sur la licéité de la menace ou de l'emploi d'armes nucléaires », *RICR*, n°823.
[En ligne]. Disponible sur :

Par ailleurs, rappelons que l'obligation de respecter et de faire respecter le Droit International Humanitaire est incontestable, même en l'absence de réciprocité. Cette autre exigence n'est pas souvent comprise dès lors que les règles du DIH sont conventionnelles et donc supposées être prises en charge par le Droit des Traités, et ce, de la même manière que les autres Traités. De ce point de vue, elles ne devraient s'exécuter que réciproquement entre les parties signataires. Or, le principe apparaît bien comme une exception à la règle, laquelle est expressément tolérée par la Convention de Vienne du 23 mai 1969 sur le Droit des Traités. En effet, celle-ci reconnaît, en termes généraux, que le respect des dispositions des Traités « de caractère humanitaire » ne peut dépendre de leur respect par d'autres États Parties[1].

Plusieurs manuels militaires et la jurisprudence de certains États abondent dans le même sens[2]. C'est le cas de la Cour Spéciale de Cassation des Pays-Bas dans l'*Affaire Rauter* en 1948, du Tribunal Militaire des États-Unis à Nuremberg et dans l'*Affaire von Leeb* — dite Affaire du Haut Commandement — en 1947-1948. Ces deux juridictions ont rejeté l'argument des prévenus qui, selon eux, auraient été libérés de leur obligation de respecter le Droit International Humanitaire dès lors que leurs adversaires l'avaient eux-mêmes violé. La Cour Internationale de Justice dans l'*Affaire de la Namibie* en 1971 ainsi que le Tribunal Pénal International pour l'ex-Yougoslavie dans son examen de l'acte d'accusation dans l'*Affaire Martić* en 1996 et dans son jugement dans l'*Affaire Kupreškić* en 2000 a affirmé le principe, désormais considéré comme un principe général de droit, que les obligations juridiques de nature humanitaire ne pouvaient pas dépendre de la réciprocité. Ces déclarations — vu le contexte dans lequel elles ont été formulées — montrent sans ambiguïté que ce principe est valable pour toute obligation de nature humanitaire et ce, aussi bien dans

---

https://www.icrc.org/fr/doc/resources/documents/misc/5fzhdz.htm. Consulté le 28.12.2023.

[1] Voir la Convention de Vienne sur le Droit des Traités, adoptée le 22 mai 1969, art. 21.

[2] Voir Cour Spéciale de Cassation des Pays-Bas, *Affaire Rauter*, 1948. Voir aussi Tribunal Militaire des États-Unis à Nuremberg dans l'*Affaire von Leeb* en 1947-1948.

des situations de Conflits Armés Internationaux que dans celles des Conflits Armés Non Internationaux.

Ainsi, l'État est le premier acteur-clé, car tout tourne autour de lui d'autant qu'il doive veiller à ce que, non seulement, ses propres forces armées ou tout autre groupe armé agissant sur ses instructions ou ses directives ou encore sous son contrôle respectent les règles pertinentes du Droit International Humanitaire, mais aussi, que les civils relevant de sa protection ne violent pas les mêmes règles du moment où il est responsable des actes de ces personnes ou de ces groupes[1]. Dans ce sens, les ordres et les instructions doivent être donnés expressément pour faire respecter le Droit International Humanitaire[2], étant donné que ces règles doivent être respectées dans toutes les circonstances possibles, c'est-à-dire aussi bien dans les conflits armés internationaux que non internationaux. En dehors de l'État — acteur-clé — viennent les groupes d'opposition armés, appelés Groupes Armés Non-Étatiques qui ont des raisons valables pour appliquer, eux aussi, lesdites règles[3]. En effet, l'exigence que les groupes d'opposition armés respectent au minimum certaines règles du Droit International Humanitaire applicables dans les Conflits Armés Non Internationaux est inscrite dans l'article 3 commun aux Conventions de Genève.

D'autres dispositions conventionnelles complètent cet article commun[4] tandis que la doctrine y met parfois un accent assez

---

[1] Jean-Marie Henckaerts, « Etude sur le droit international humanitaire coutumier. Une contribution à la compréhension et au respect du droit des conflits armés », *RICR*, volume 87, sélection française, Droit coutumier, p. 289-330.

[2] Voir les Conventions de La Haye de 1899 et de 1907, la Convention de La Haye de 1954 sur la protection des biens culturels, en ses articles 1er et 7, les Protocoles Additionnels I et II à la Convention sur les armes classiques dans ses modificatifs, notamment, telle qu'elle a été modifiée en son article 14, paragraphe 3.

[3] Olivier Bangerter, « Les raisons pour les groupes armés de choisir de respecter le droit international humanitaire, ou pas », *RICR*, volume 93, Sélection française 2011/2, p. 51-84.

[4] Voir la Convention de La Haye de 1954 sur les biens culturels, Protocole II. Voir également la Convention sur les armes classiques de 1980, (amendée en décembre 2001). Voir également le Protocole Additionnel II de 1977 aux Quatre Conventions de Genève du 12 août 1949, article 1er, paragraphe 1er.

particulier comme l'expliquent Yves Sandoz, Christophe Swinarski et Bruno Zimmermann[1].

Sur le plan international, des mesures ont aussi été prises comme l'a fait la Commission Internationale Humanitaire d'Établissement des Faits à laquelle les États sont encouragés à faire recours[2]. Pendant ce temps, des Tribunaux Pénaux Internationaux *ad hoc* ont été constitués pour juger les violations commises dans les conflits armés au Rwanda, en Ex-Yougoslavie et dans bien d'autres pays. La Cour Pénale Internationale quant à elle, est créée par le Statut de Rome en 1998, lequel lui a octroyé un caractère permanent, lui donnant compétence pour la poursuite des cas de violation massive des règles du Droit International Humanitaire et, de surcroît, du Droit International des Droits de l'Homme.

Il est indéniable que l'étude de la mise en œuvre du Droit International Humanitaire en Centrafrique revêt une grande importance. Cette étude est guidée par le contexte politique, social et sécuritaire du pays. Ce contexte — il faut le souligner — est empreint de violations massives du DIH sur un fond d'exactions en matière de droits de l'Homme à ne point décrire. Ces violations ont atteint leur paroxysme au cours de la période électorale dans le pays à commencer du 1er juillet 2020, date de lancement de la dernière phase de préparation des élections de 2021. Cela s'est passé sous le regard médusé de la communauté internationale à travers sa Mission Intégrée des Nations Unies pour la Stabilisation en Centrafrique (MINUSCA)[3] et celui des différentes communautés régionales. Pourtant, la signature, le 6 février 2019 à Bangui, de l'Accord Politique pour la Paix et la Réconciliation en République Centrafricaine (APPR-RCA) était censée tourner la page des violences politiques. En effet, six (6) groupes armés signataires ont

---

[1] Yves Sandoz, Christophe Swinarski et Bruno Zimmermann (éd.), *Commentaire des Protocoles additionnels*, CICR, Genève, 1986, paragraphe 4442.

[2] Voir article 90 du Protocole additionnel I de 1977 aux Conventions de Genève de 1949 (PA I). Lire Jean Pictet, *Commentaire de la IVème Convention de Genève du 12 août 1945*, CICR, Genève 1956, p.88 et suiv. Lire également Yves Sandoz (avec la collaboration de Delphine Pratlong), *Les moyens de mise en œuvre du droit international humanitaire, état des lieux, analyse des problèmes et éléments de réflexion*, Institut International de droit humanitaire (San Remo), Genève, juin 2005, p. 1 et suiv.

[3] Voir la résolution 2552 (2020) du Conseil de Sécurité des Nations Unies du 12 novembre 2020.

dénoncé cet Accord, le 15 décembre 2020, et annoncé le 17 décembre 2020, la formation de la Coalition des Patriotes pour le Changement (CPC) afin d'empêcher la tenue des élections. Le processus démocratique et l'ordre constitutionnel ont failli être ébranlés une nouvelle fois. A cette occasion et comme à l'accoutumée, des violations et abus du Droit International des Droits de l'Homme et du Droit International Humanitaire ont été commis dans un contexte généralisé de violences armées et sur fond de tensions politiques autour d'un certain nombre de sujets querellés. Il s'agissait, notamment, des candidatures aux élections, de la composition de l'Autorité Nationale des Élections (ANE) et du paiement des agents électoraux, de la révision du calendrier électoral, de l'enregistrement des électeurs (empêchés par les Groupes Armés Non-Étatiques d'y avoir droit dans certaines parties du pays), de l'impossibilité des réfugiés centrafricains de pouvoir élire et du non-respect par les groupes armés de leurs engagements en vertu de l'APPR-RCA[1]. Toutefois, le 27 décembre 2020, la République Centrafricaine a tenu ces élections présidentielle et législative malgré cette instabilité sécuritaire et ce, dans une atmosphère nationale très tendue. La principale conséquence remarquée est le difficile retour à la paix définitive même si un « dialogue républicain » ayant regroupé la plupart des forces socio-politiques du pays a pu être tenu en 2022.

Toutefois, il peut être rappelé que la République Centrafricaine est ce pays qui a souscrit non seulement aux quatre Conventions de Genève de 1949 et les Protocoles Additionnels de 1977, mais également à la quasi-totalité des Conventions spécifiques du Droit International Humanitaire, s'octroyant l'obligation conventionnelle d'assurer la mise en œuvre du Droit International Humanitaire en vertu de son statut d'État Partie. En effet, la République Centrafricaine a ratifié quelques Traités fondamentaux suivants : les Quatre Conventions de Genève de 1949 en 1966, le Protocole Additionnel I de 1977 ainsi que le Protocole Additionnel II de 1977

[1] CEEAC-UA, « République Centrafricaine : Le processus électoral et l'APPR-RCA au menu de la rencontre de haut niveau CEEAC-UA ONU tenue le 28 octobre 2020 ». [En ligne].
Disponible sur : https://ceeac-eccas.org/presidence/rca-le-processus-electoral-et-lappr-au-menu-de-la-rencontre-de-haut-niveau-ceeac-uaonu/. Consulté le 09.11.2021.

en 1984. Elle a également ratifié d'autres textes importants comme le Statut de Rome de la CPI en 2001, la Convention relative aux droits de l'enfant en 1992, la Charte africaine des droits et du bien-être de l'enfant. Elle en a fait de même, concernant certains Traités sur l'utilisation des armes tels que le Protocole de Genève sur les gaz asphyxiants de 1925 en 1970, la Convention sur les armes biologiques de 1972, la Convention sur les armes chimiques de 1993 et le Traité d'Ottawa sur les mines antipersonnel de 1997 en 2002.

C'est aussi cet État qui a été parmi les premiers, non seulement, à ratifier le Statut de Rome de la Cour Pénale Internationale, mais également à déférer de sa propre initiative sa première situation devant ladite Cour. Il s'agit aussi de cet État qui a créé, sur son territoire, une Cour Pénale Spéciale dans le même objectif, et qui, pour couronner le tout, a rendu ses juridictions pénales nationales compétentes pour poursuivre les auteurs de crimes de guerre, de crimes contre l'humanité de génocide depuis la relecture en janvier 2010 de son Code pénal et de son Code de procédure pénale. Il est important de noter, en passant, que la République Centrafricaine est signataire de nombreux instruments internationaux concernant le DIH et le DIDH.

Au regard de ce qui précède, on peut admettre que la mise en œuvre du Droit International Humanitaire est l'ensemble de toutes les mesures qui sont censées être prises pour assurer le plein respect des règles dudit Droit en tout temps. Or, la multiplicité des crimes de guerre et de crimes contre l'humanité rendus systémiques, endémiques et stratégiques par les seigneurs de guerre et les différents leaders des Groupes Armés Non-Étatiques ne peut favoriser ce respect du Droit International Humanitaire. Au contraire, le fait qu'ils opèrent en toute impunité en République Centrafricaine soulève des interrogations sur l'efficacité de cette obligation dans le pays[1].

---

[1] Marco Sassoli, « Introduire une gradation des obligations pour remédier à l'inégalité fondamentale entre les groupes armés et les États ? », *RICR*, vol. 93, sélection française 2011/2, p. 121-127. Lire également Yuval Shany, « Réponse aux arguments présentés par Marco Sassoli », *RICR*, sélection française 2011/2, p.128-133. Lire en plus, René Provost, « Vers une égalité concrète en droit international humanitaire : réponse aux arguments de Marco Sassòli et Yuval Shany, *RICR*, volume 93, sélection française 2011/2, p. 134-139.

Ainsi, un cadre légal adopté par la République Centrafricaine est, sur un plan théorique, non seulement, une réponse favorable aux besoins de justice et de sécurité face aux conséquences humaines et économiques désastreuses des conflits armés incessants, mais également, le gage d'une mise en œuvre du Droit International Humanitaire souhaitée (Partie 1). Néanmoins, les moyens de mise en œuvre, ainsi que les pratiques nationales ne sont pas suffisants pour assurer le respect effectif des règles du Droit International Humanitaire, ce qui conduit directement à l'impunité (Partie 2).

PARTIE I : DE L'ADOPTION À LA DIFFUSION DES NORMES

Il est connu de tous que pour être efficaces, les Traités et les Conventions adoptés au plan international doivent être intégrés dans la législation nationale, car il ne suffit pas pour les États d'y adhérer — l'adhésion ne constitue qu'un premier pas — mais il est indispensable que ceux-ci adoptent des mesures de mise en œuvre de ces règles conventionnelles souscrites[1]. Ainsi, au niveau national, le cadre global du développement du Droit International Humanitaire est fixé par la Constitution de la République, notamment, du 30 mars 2016 (articles 26 à 29) et celle du 30 août 2023 (dans son préambule), qui n'ont pas manqué, comme les plus anciennes Constitutions, d'inscrire le *zo kwè zo* parmi les principes cardinaux qui déterminent les bases fondamentales de la société centrafricaine. Ce principe, prôné par le père-fondateur du pays, feu Barthélémy Boganda, premier Président de la République, signifie littéralement en *sango*, langue nationale et une des langues officielles avec le français : « Tout homme est homme ». L'affirmation fait ainsi appel au respect de la dignité humaine. En effet, toutes les Constitutions de la République Centrafricaine ont toujours affirmé et proclamé de la manière la plus solennelle possible, l'attachement du pays au respect des traités et des conventions internationales — notamment des normes à valeur de *jus cogens* — relatives surtout au respect de la dignité de l'être humain.

Ainsi, si l'adoption de normes diverses est une conséquence logique de l'adhésion de l'État centrafricain aux Conventions de Droit International Humanitaire (Chapitre 1), la diffusion des règles qui y sont contenues en est, entre autres, une obligation conventionnelle à laquelle, il doit déférer (Chapitre 2).

[1] CICR, *L'intégration du droit,* Genève, Suisse, juillet 2007, p. 47.

Chapitre 1 : Une législation nationale intégrant les normes internationales et régionales relatives au Droit International Humanitaire

Posé d'emblée par la Constitution, norme suprême dans la hiérarchie des normes juridiques en Centrafrique selon la tradition moniste, le cadre législatif et réglementaire montre une certaine cohérence dans la consécration des règles de Droit International Humanitaire. On note un foisonnement de ces textes législatifs favorables à la promotion et au respect des règles dudit Droit et on remarque un ensemble de textes réglementaires allant dans le même sens.

Ainsi, en République Centrafricaine, le développement d'une législation nationale sur des questions de Droit International Humanitaire se fait remarquer surtout en matière pénale et en matière de réforme de l'armée nationale (Section 1). Mais l'existence de plusieurs textes sectoriels, à l'exemple de ceux qui se présentent comme propres à protéger les soins de santé en danger, n'est pas moins remarquée (Section 2).

Section 1 : Les lois pénales et les divers textes réformateurs de l'armée nationale

Nombreux et substantiels sont les différents codes de caractère pénal qui contribuent de manière directe ou indirecte à la répression des violations graves des règles du Droit International Humanitaire en Centrafrique (Paragraphe 1). Dans le même sillage, les différents textes réglementaires adoptés pour la réforme de l'armée ne se passent pas des exigences de respect des règles du Droit International Humanitaire (Paragraphe 2).

Paragraphe 1 : Les lois pénales

La justice pénale nationale est constituée à la fois d'un *corpus* législatif et réglementaire étoffé et de mécanismes judiciaires et institutionnels créés pour leur application (A). Mais participent également de cette dynamique, les différents textes ayant permis la restructuration de l'armée nationale et organisant une lutte affirmée contre la prolifération de différents types d'armes légères (B).

A. Sur le plan de la poursuite judiciaire nationale

Sur le plan de la justice pénale, la répression des infractions du Droit International Humanitaire est inscrite dans le Code Pénal et le Code de Procédure Pénale centrafricains. Le Code Pénal centrafricain a consacré, suite à sa réforme de l'année 2010 et surtout consécutivement à la ratification du Statut de Rome de la Cour Pénale Internationale de 1998, plusieurs dispositions traitant des crimes de guerre, des crimes contre l'humanité et du génocide. C'est à ce titre que les infractions à la protection des soins de santé en danger sont prises en compte. On voit malheureusement bien qu'il ne s'agit nullement d'une répression spécialement réservée à ce type d'actes.

Il y a aussi lieu de relever la présence de la Loi n°17.012 du 24 mars 2017 portant Code de Justice Militaire centrafricain et créant la justice militaire. Cette loi sur la justice militaire en Centrafrique présente le mérite de contenir des dispositions qui intéressent la compréhension du Droit International Humanitaire, venant ainsi en appui au Code Pénal et au Code de Procédure Pénale centrafricains en vigueur depuis 2010. On voit bien au regard de certaines de ces dispositions pertinentes mentionnées ci-haut que la définition donnée du militaire ou de l'associé ainsi que du civil participant à une rébellion ou du personnel civil appuyant une force armée et celle donnée de la rébellion permettent de compléter la réflexion sur la notion et le statut du combattant dans le cadre d'un Conflit Armé Non International. Les obligations qui y sont mentionnées permettent de surveiller le respect par les forces armées des règles du Droit International Humanitaire de manière générale.

Notons également la Loi n°95.0010 du 22 décembre 1995, portant organisation judiciaire. Selon le contenu de cette loi, la justice est rendue sur tout le territoire de la République Centrafricaine au nom du peuple centrafricain par la Cour de Cassation, le Conseil d'État, la Cour des Comptes, le Tribunal des Conflits, les Cours et Tribunaux. Les tribunaux sont organisés en ceux de l'ordre judiciaire et ceux de l'ordre administratif, sans compter les tribunaux d'exception comme la Cour d'Assises, le Tribunal pour Enfants, le Tribunal des Conflits, le Tribunal Militaire Permanent, la Cour Pénale Spéciale, etc. Par ailleurs, la Cour Pénale Spéciale est compétente pour juger les responsables de violations graves des droits de l'Homme, en complément des procédures menées par la Cour Pénale Internationale et, sans priver de leur compétence, les juridictions pénales centrafricaines ordinaires. A titre de rappel, cette loi a fait suite au *Mémorandum* d'entente entre les Nations Unies et le Gouvernement de Transition, lequel prévoyait entre autres, la création par voie législative d'une Cour Pénale Spéciale. Les sièges des juridictions militaires sont fixés dans le ressort des Cours d'Appel.

Il y est fait également mention de la Cour Martiale qui est la seule juridiction compétente à l'égard aussi bien des personnes civiles que militaires qui se seraient rendues coupables d'infraction en matière de sécurité et de sûreté nationales en temps de guerre ou en période d'État de siège. Cette loi est très importante pour la compréhension du DIH en ce qu'elle propose des définitions de plusieurs concepts fondamentaux tels que celui de « militaire » à son article 25. Or nous savons que les Conventions et Traités de Droit International Humanitaire préfèrent à ce terme, celui de « combattant » pour désigner les membres des forces armées *lato sensu* des parties à un conflit armé. Constitue également une contribution, la définition proposée à l'article 26, des personnes considérées comme des assimilés, en plus des Forces de Sécurité Intérieure (FSI), des Agents des douanes, des Agents des eaux et forêts ou encore des civils qui ont pris des armes et qui ont participé à une organisation armée contre la République ainsi que du personnel civil employé à titre statutaire ou contractuel par les forces armées.

C'est dans un esprit de respect de l'obligation de mise en œuvre du DIH qu'une loi portant protection de l'emblème et du nom Croix-Rouge a été adoptée sous le n°09.006 du 8 juin 2009. Cette loi a pris le soin, elle-même, de rappeler l'existence du Règlement de La Haye relatif à l'usage de l'emblème de la Croix-Rouge qui a vu le jour à l'issue de la XXème Conférence Internationale de la Croix-Rouge et du Croissant-Rouge en 1965. Rappelons que ce Règlement a été révisé en 1991.

En Centrafrique comme ailleurs, l'emblème peut être utilisé soit à titre indicatif soit à titre de protection. De ce point de vue, la loi centrafricaine est une entreprise louable au regard de l'objectif poursuivi : régir l'usage et la protection de l'emblème et du nom « Croix-Rouge » ou « Croissant-Rouge » en temps de paix ou de conflit armé. Intéressant est aussi le fait que cette loi étende son champ d'application à tous les signes distinctifs ayant pour objet d'identifier les unités et les moyens de transport sanitaire en vertu des dispositions de l'Annexe au Protocole Additionnel I de 1977. L'existence d'une loi encadrant l'usage de l'emblème de la Croix-Rouge et du Croissant-Rouge en République Centrafricaine est donc une chose à louer, car le législateur centrafricain s'est largement inspiré des Conventions de Genève du 12 août 1949 et des Protocoles Additionnels I et II du 8 juin 1977 ainsi que du Règlement de la Haye sur l'usage de l'emblème de la Croix-Rouge adopté par la XXème Conférence Internationale de la Croix-Rouge en 1965 et révisé en 1991. On y trouve — comme nous l'expliquons dans les lignes qui suivent — la protection des signes distinctifs destinés à identifier les unités et les moyens de transport sanitaire, les sanctions aux infractions relatives à l'usage de l'emblème et du nom de Croix-Rouge qui ont été réservées par cette loi au Code Pénal centrafricain. Ce dernier les prend en charge sous le traitement de l'infraction de perfidie. A titre de précision, le Protocole Additionnel I de 1977 aux Quatre Conventions de Genève du 12 août 1949 définit la perfidie comme tout acte qui fait appel, avec l'intention de la tromper, à la bonne foi d'un adversaire pour lui faire croire qu'il a le droit de recevoir ou l'obligation d'accorder la protection prévue par les règles du Droit international applicable dans les conflits armés[2]. La perfidie fait partie des ruses de guerre qui sont interdites par le Droit International[3]. Sans surprise, pourrait-on dire, elle précise d'emblée que l'emblème joue un double rôle : celui de protection et celui d'indication ou d'appartenance. Et, comme nous le savons autant que les textes le prévoient, il a un usage protecteur en temps de conflit armé et se pose comme une manifestation visible de la protection qui est donnée au personnel sanitaire et aux moyens de transport sanitaire — qu'ils soient terrestres, maritimes ou aériens — par les Conventions de Genève du 12 août 1949 et leurs Protocoles Additionnels de 1977.

À titre indicatif ou à titre d'appartenance, il permet de démontrer un lien qu'une personne ou un bien a avec une institution du Mouvement International de la Croix-Rouge. Dans ce cas, tout usage doit respecter les normes fondamentales du Mouvement. C'est

---

[2] Protocole Additionnel I de 1977, article 37, paragraphe 1er.

[3] *Ibid.*

ainsi que le Comité International de la Croix-Rouge et la Fédération Internationale des Sociétés Nationales de la Croix Rouge et du Croissant-Rouge sont les organismes naturellement admis à utiliser l'emblème en tout temps et pour toutes leurs activités. Aucune personne ne doit en faire usage sans y être autorisée en vertu des Conventions de Genève du 12 août 1949 et des Protocoles Additionnels de 1977 et, *in fine,* de ladite loi. Il en va ainsi de la sécurité du personnel travaillant pour le Mouvement. Ils sont protégés de cette façon contre tout risque de confusion pouvant avoir des conséquences néfastes sur leur travail comme dans le cas de l'usage abusif qualifié de perfidie. Le cas échéant, une autorisation expresse du Ministère de la Défense Nationale, du Ministère de la santé Publique avec, de manière connexe, celle du président national de la Croix-Rouge est requise pour l'usage de l'emblème par le service de santé des forces armées républicaines et en tout temps, par le personnel religieux rattaché aux forces armées par le biais du port de brassard ou de dossard et d'une carte d'identité.

Il en est de même du personnel civil attaché aux armées ou affecté à l'usage des hôpitaux et autres unités sanitaires civiles ainsi que des moyens de transport sanitaire civil destinés par exemple à l'évacuation, au transport et au traitement de blessés, de malades et naufragés. En outre, ladite loi précise que les sociétés étrangères à la Croix-Rouge ou au Croissant-Rouge établies en Centrafrique doivent requérir l'autorisation de la Croix-Rouge centrafricaine pour utiliser l'emblème dans les mêmes conditions fixées par cette loi. Cette exigence devient donc une prérogative exclusive pour la Croix-Rouge centrafricaine qui est présentée ainsi comme le dépositaire national de l'emblème. Elle fait ainsi d'elle, sur le territoire centrafricain, l'unique institution habilitée à faire imprimer ou produire l'emblème de la Croix-Rouge, à délivrer des diplômes, des certificats, des cartes et des attestations, frappés de l'emblème de la Croix-Rouge. Après avoir précisé la fonction de l'emblème, la loi centrafricaine crée les conditions d'une protection de celle-ci sous l'angle du droit de la propriété intellectuelle.

Enfin, comme toute loi de nature répressive, elle donne aux autorités compétentes du pays, et ce, en tout temps, la compétence de veiller au respect des règles relatives à l'utilisation de l'emblème, de la dénomination et des signaux distinctifs de la Croix-Rouge, tout en exerçant un contrôle strict sur toutes les personnes autorisées à en faire usage aux fins d'en prévenir les abus. Par conséquent, les autorités nationales habiletées peuvent administrer les différentes sanctions possibles suivantes : le retrait de l'emblème, la saisie des matériels marqués en violation de ladite loi et la destruction des instruments ayant servi à leur reproduction ainsi que l'ouverture d'une procédure judiciaire en cas de violation de ladite loi. Au plan de la poursuite pénale, la loi fait recours aux dispositions pertinentes du Code Pénal de la République Centrafricaine pour punir toute personne physique ou morale qui aurait enfreint la loi en question[4].

Sont donc autorisés à arborer l'emblème à des fins de protection, le personnel sanitaire et religieux des forces armées, le personnel médical civil et les membres du personnel de santé des sociétés nationales ainsi que leur matériel, qu'ils y soient autorisés en tant que personnel médical civil ou en tant qu'auxiliaires des services sanitaires des forces armées. D'autres prestataires de soins de santé ayant reçu une autorisation spéciale des autorités compétentes pour fournir des soins de santé en période de conflit armé en plus des personnels de santé du Comité International de la Croix-Rouge et de ceux de la fédération internationale sont admis. En période de conflit armé, seuls les membres des services de santé du Mouvement sont autorisés à arborer l'emblème à titre indicatif.

En temps de paix, l'emblème indicatif peut être utilisé par les sociétés nationales, le Comité International de la Croix-Rouge, la Fédération Internationale de la Croix-Rouge, les ambulances admises à dispenser des soins gratuits, etc. Au vu de la variété des symboles utilisés par les différents prestataires humanitaires, il y a intérêt à ce que les dispositions légales soient bien respectées.

L'usage abusif de l'emblème peut entraîner des confusions et mettre à mal le respect dû à ceux qui les arborent. Les membres du personnel de santé devraient s'associer aux sociétés nationales pour demander que ces pratiques soient dûment sanctionnées par la législation nationale. Toujours au sujet de l'usage abusif de l'emblème, une remarque nécessite d'être faite en ce qui concerne la République Centrafricaine. Cette remarque est que les sanctions relatives à l'usage abusif de l'emblème n'ont constitué en pratique jusque-là qu'en des observations verbales sans mesures coercitives.

---

[4] La Loi n°09.006 du 08 juin 2009 portant protection de l'emblème et du nom de Croix-Rouge en annexe.

Il y a aussi le fait que cette loi ne soit pas très exhaustive en ce qui concerne les autres signes distinctifs que l'emblème de la Croix-Rouge et du nom Croix-Rouge. En plus, il s'avère nécessaire d'étudier la création d'un organe spécialement dédié à l'observation de l'utilisation de l'emblème et des autres signes distinctifs au niveau gouvernemental à l'exemple d'une Commission Nationale de Droit International Humanitaire. Ce n'est qu'ainsi que la Loi n°09.006 du 08 juin 2009 portant protection de l'emblème et du nom de Croix-Rouge gagnerait en termes de mise en œuvre dans le pays. Elle pourrait éventuellement étendre ses compétences à la protection d'autres signes protecteurs de biens comme les parcs nationaux ou les endroits dangereux comme les installations nucléaires même s'il n'en existe pas encore dans le pays, ou encore des pharmacies et centres hospitaliers.

En dehors d'un certain code du soldat dont il convient de mentionner l'existence malgré les multiples difficultés d'accès à sa source exacte[5], plusieurs lois adoptées et promulguées sont de nature à contribuer au développement du Droit International Humanitaire coutumier en Centrafrique. Ce code occupe tout de même une place importante dans l'ordre des pratiques nationales constituées par les manuels militaires, les règlements et les instructions militaires. En effet, constitué de dix articles, ce petit livret de poche ne porte pour titre que l'expression « code du soldat ». Il définit en termes simples et plus facilement assimilables les devoirs de comportement qui sont ceux du soldat lorsqu'il est en campagne. Il comporte certaines règles pertinentes du DIH dont le respect dû à tout citoyen en *sus* d'autres, comme l'esprit de corps, la discipline, le combat sans passion et sans haine, le respect de l'ennemi vaincu, l'égard et le respect pour les blessés et les malades ainsi que les morts.

B. Sur le plan de la structuration de l'armée nationale et de la lutte contre la prolifération d'armes

Analysons d'abord les lois et règlements pris pour réformer les Forces Armées Centrafricaines (FACA) en tenant compte des exigences du Droit International Humanitaire. Ainsi, sur le plan structurel, le Ministère de la défense nationale, à travers les textes

[5] Code du soldat centrafricain en annexe.

qui l'organisent et qui assurent son fonctionnement, tient compte de certaines règles du DIH. Il en est de même des textes réformateurs de l'armée nationale. C'est le cas de la Loi n°16.360 du 27 octobre 2016 portant organisation et fonctionnement du Ministère de la défense nationale et fixant les attributions du Ministre. Ce Ministère qui est l'organe gouvernemental, puisque naturellement placé sous la responsabilité d'un Ministre, a pour entre autres attributions, de veiller au respect des Droits de l'Homme et du Droit International Humanitaire au sein de l'armée nationale. Même si une mention expresse de ce type n'a pas été faite pour le respect des règles du Droit International Humanitaire, une des attributions qui sont les siennes est celle de veiller au respect des droits des enfants et de leur protection ainsi qu'aux conditions de leur incorporation dans l'armée nationale. Dans ce cadre, il est important de rappeler la Loi n°02.10 du 03 juillet 2002, portant organisation et fonctionnement des tribunaux pour enfants. Celle-ci définit l'enfant comme étant tout être humain âgé de moins de 18 ans auquel est imputée une infraction qualifiée de crime — y compris les crimes de guerre ou les crimes contre l'humanité ou encore le génocide — de délit ou de contravention. Celui-ci ne pourra aux termes de ladite loi, être déféré aux juridictions pénales de droit commun puisqu'il ne sera justifiable que devant les tribunaux pour enfants.

Toujours dans le cadre du Ministère de la défense nationale, mérite d'être mentionnée, la Loi n°99.017 du 24 octobre 1999, portant organisation générale de la défense nationale et de l'armée nationale. Cette loi intéresse le Droit International Humanitaire surtout en période de conflit armé à travers la définition des différents rôles attribués au Président de la République, aux membres du Gouvernement et aux Parlementaires en matière d'interdiction du recrutement des enfants dans les forces armées et de la défense des ressources naturelles. A titre de rappel, les règles pertinentes du Droit International Humanitaire relatives à la prise en compte de l'enfant sont ainsi considérées de manière apparemment indirecte. Cependant, sur ce sujet de l'implication des enfants dans les conflits armés, une autre loi plus directe a été adoptée. C'est la Loi n°12.001 du 20 janvier 2012 autorisant la ratification des deux protocoles facultatifs à la Convention relative aux droits de l'enfant, l'un concernant l'implication d'enfants dans les conflits armés, l'autre, la vente d'enfants, la prostitution des enfants et la pornographie mettant en scène des enfants.

Rappelons également que c'est en 2012 que la coalition de plusieurs Groupes Armés Non-Étatiques appelée « *Séléka* » a été constituée. Celle-ci a commencé les attaques et prises de villes et villages à partir de la région du nord-est du pays pour envahir la capitale Bangui. Dans la tentative de résolution de ce conflit, des négociations se sont soldées par la signature d'un Accord de paix à Libreville. A cette occasion, se posait déjà la question d'enrôlement d'enfants-soldats dans les rangs des Groupes Armés Non-Étatiques en Centrafrique dès le début de la crise.

Par ailleurs, les textes organiques pour le développement des corps de l'armée nationale prennent en compte les principes du Droit International Humanitaire. Il s'agit ainsi de deux décrets intervenant directement sur l'organisation et le fonctionnement de l'armée nationale. Le premier est le Décret n°17. 392 du 18 novembre 2017 portant organisation et fonctionnement de l'État-major des armées en Centrafrique. En tant qu'une armée nationale, les Forces Armées Centrafricaines (FACA) sont visiblement bien structurées sur le plan de l'organisation générale et de la chaîne de commandement. La structuration de cette armée est telle qu'on trouve à son sommet le Chef d'état-major des armées (CEMA) qui, non seulement est censé jouer le rôle de conseiller principal du gouvernement en matière militaire, mais qui se voit aussi attribuer divers rôles qui constituent le fondement de sa responsabilité générale quant au commandement organique et organisationnel des forces armées. Ce qui est intéressant pour le Droit International Humanitaire est que le décret prévoit — et il en existe — des écoles et centres de formation qui sont des structures placées sous l'autorité du Sous-chef d'État-Major, chargé de la planification. Ces structures de formation constituent l'échelon d'exécution de la politique de formation et d'entraînement définie par le commandement. C'est le lieu de souligner que l'enseignement du Droit International Humanitaire fait partie intégrante des programmes d'instruction et des objectifs de formation des nouvelles recrues. On note ainsi et ce, de manière remarquable, l'existence d'une pratique devenue habituelle sur cette question.

La suite de notre analyse révèle la présence du Décret n°17.391 du 18 novembre 2017 portant organisation et fonctionnement des

Forces Armées Centrafricaines (FACA). Le contenu de cette disposition évoque le rôle des FACA, qui consiste à maintenir ou rétablir la stabilité sécuritaire du pays en cas de menaces extérieures et/ou internes, en cas d'État d'urgence ou de siège et à participer, en appui aux forces de sécurité intérieure, à la lutte contre les trafics illicites et le terrorisme. Il en est de même en cas de catastrophes naturelles, d'accident technologique ou naturel. On voit donc que théoriquement, le respect des normes internationales est placé au cœur des préoccupations doctrinales de l'armée nationale centrafricaine. Ce souci de protection couvre aussi bien les situations de conflit armé — interne ou international — que celles de simples troubles intérieurs (ou tensions internes) ou de catastrophes naturelles. Les missions des FACA consistent aussi à la protection de la population, au soutien aux forces de sécurité intérieure en cas de nécessité, dans le respect des dispositions nationales et des standards internationaux, ainsi qu'à la participation aux Opérations de Maintien de la Paix internationales ou régionales.

Des textes adoptés par l'État centrafricain dans le cadre de la coopération sous régionale d'Afrique Centrale et d'autres, pris sous les auspices de l'Union Africaine font écho à une sorte d'approfondissement régional des règles de Droit International Humanitaire et méritent qu'on s'y attarde. Il s'agit de la Loi portant ratification de la Convention relative au contrôle des armes légères et de petit calibre en Afrique Centrale. Il en va ainsi d'autres lois qui ont permis de ratifier des conventions sous régionales en la matière. Parmi elles, figure la Loi n°12.004 du 30 mai 2012, autorisant la ratification de la Convention de l'Afrique centrale pour le contrôle des armes légères et de petit calibre, de leurs munitions et de toutes pièces et composantes pouvant servir à leur fabrication, leur réparation et à leur assemblage. Cette convention a été ouverte à la signature le 30 avril 2010 à Kinshasa en République Démocratique du Congo. Comme son nom l'indique, elle vise le contrôle des armes légères et de petit calibre, de leurs munitions et de toutes pièces et composantes pouvant servir à fabriquer, à réparer et à assembler ces armes. La circulation des armes de ce type est au cœur du problème de l'insécurité en Centrafrique et constitue une conséquence directe des résurgences des conflits armés dans le pays depuis au moins deux décennies.

Deux autres textes législatifs sont aussi à relever dans le cadre de cette analyse, à savoir la loi de ratification du Protocole à la Charte africaine de la jeunesse et la Charte Africaine des Droits de l'Homme et des Peuples, relative aux droits de la femme et des peuples en Afrique. L'Assemblée Nationale centrafricaine a autorisé la ratification de cette Charte par la Loi n°11.006 du 19 décembre 2011. Il faut rappeler qu'elle a été adoptée par la Conférence des Chefs d'État et de Gouvernement de l'Union Africaine tenue à Banjul en Gambie le 02 juillet 2006. Notons — en plus et à titre de rappel — que les jeunes en Centrafrique constituent la quasi-totalité des belligérants dans les conflits du passé et ceux qui sont en cours. Dès lors, l'avènement d'une paix définitive est, d'une certaine manière, tributaire de la volonté et de la responsabilité qu'afficheraient ces jeunes s'ils se décidaient à ne plus se laisser recruter par les forces négatives. C'est à ce niveau qu'interviennent les problématiques de l'offre d'une éducation de qualité et de celle de l'emploi de ces jeunes.

En outre, la protection de la femme dans les situations de conflit armé est une question prise également en compte par le législateur centrafricain, notamment, dans la Loi n°12.004 du 10 mai 2012 autorisant la ratification du Protocole à la Charte Africaine des Droits de l'Homme et des Peuples et relatif aux droits de la femme en Afrique. Ainsi, sur le plan institutionnel, deux départements ministériels sont censés prendre en charge toutes les questions de promotion et de protection des droits de la femme, en plus de l'Unité Mixte d'Intervention Rapide et de Répression des violences sexuelles faites aux femmes et aux enfants (UMIRR) créée par l'État avec l'appui de la Mission des Nations Unies en Centrafrique. Ne peut être négligé, en outre, le rôle non moins important que jouent certaines Organisations de la Société Civile (OSC) à l'exemple de l'Association des Femmes Juristes de Centrafrique (AFJC).

D'autres dispositions législatives sont remarquables du point de vue de la technicité des questions qu'elles traitent et qui sont relatives par exemple à l'interdiction de certains types d'armes. C'est le cas de la Loi n°12.008 du 12 juin 2012, portant application de la Convention sur l'interdiction de la mise au point, de la fabrication, du stockage et de l'emploi des armes chimiques et sur leur destruction, adoptée à la Conférence de Genève du 03 septembre 1992. En effet, en plus de définir les termes pertinents de cette loi, les dispositions de cette dernière font mention de l'interdiction des armes chimiques et des installations de fabrication d'armes chimiques, des moyens de contrôle de ces installations, des moyens d'investigation nationale et internationale sur la question et des organes de mise en œuvre de la Convention, notamment une autorité nationale en liaison avec l'Organisation pour l'Interdiction des Armes Chimiques. Des peines d'amende et d'emprisonnement y sont également prévues, notamment, dans les dispositions d'au moins onze articles. Plus intéressantes encore sont la qualification des infractions retenues et leurs pénalités, notamment les sanctions relatives à l'utilisation des armes chimiques, à la fabrication, à l'acquisition, à la conservation, au transfert, à l'utilisation des produits chimiques en fonction de leurs divers types.

Par ailleurs, les aspects du Droit International Humanitaire touchant à la protection des prisonniers de guerre sont pris en compte dans la Loi n°12. 003 du 12 avril 2012 fixant les principes fondamentaux du régime pénitentiaire en Centrafrique. Entre autres mesures, cette loi a établi les conditions de visite des lieux de détention par les Organisations Internationales ayant signé des Accords de partenariat avec l'État centrafricain et les Organisations de la Société Civile légalement reconnues. À ce titre, on peut comprendre les efforts sans cesse déployés par la Délégation du Comité International de la Croix-Rouge en Centrafrique dans le domaine de la coopération, de l'assistance, de la protection et de la prévention ainsi que par bien d'autres organismes humanitaires.

L'analyse du secteur de l'armée nous a permis de comprendre combien des prévisions ont été faites pour garantir les normes les plus fondamentales du Droit International Humanitaire aussi bien dans l'organisation de cette grande muette que dans le recrutement, la formation et le déploiement des militaires sur le théâtre des opérations. Dans les lignes qui suivent, l'exemple du secteur des soins de santé en danger — c'est-à-dire tout ce qui contribue aux soins de santé pendant les conflits armés — nous permettra de faire le même constat.

Section 2 : Les textes juridiques protecteurs des soins de santé en danger

Le respect et la protection des soins de santé ont fait l'objet d'une grande attention dans les Conventions de Genève du 12 août 1949 et leurs Protocoles Additionnels de 1977, lesquels ont traité la question sous ses multiples facettes. Passons en revue la variété des exigences qui en sont issues avant de présenter les efforts législatifs et réglementaires qui ont été fournis au plan national tout en faisant le constat des limites de ces actions étatiques. Ce faisant, il semble judicieux de faire un rappel des obligations conventionnelles dans le domaine (Paragraphe 1) avant d'analyser la quintessence de la réglementation en la matière en République Centrafricaine (Paragraphe 2).

Paragraphe 1 : Le rappel des obligations conventionnelles

Ce rappel concernera les obligations protégeant le personnel sanitaire et les soins médicaux (A) ainsi que celles qui protègent le personnel religieux, les unités de transports sanitaires et les membres du personnel de secours humanitaire (B).

A. Les obligations conventionnelles à l'égard du personnel sanitaire et des soins médicaux

Les obligations internationales de la République Centrafricaine concernant la protection des soins de santé sont relatives, en général, au principe d'immunité des populations civiles et au régime de protection spéciale du personnel et des biens sanitaires et religieux. Rappelons que la protection des soins de santé en situation de conflit armé concerne en premier lieu les militaires blessés, malades et naufragés. On retrouve ces obligations dans les dispositions des Conventions de Genève de 1949 et de leurs Protocoles Additionnels de 1977. De manière plus précise, celles-ci englobent, entre autres, les mesures de recherche, de recueillement et d'évacuation des blessés et naufragés. En effet, les règles de Droit International Humanitaire prescrivent qu'à chaque fois que les circonstances le permettent, chaque partie au conflit doit prendre, sans tarder, toutes les mesures possibles pour rechercher, recueillir et évacuer les blessés, les malades et les naufragés, sans distinction de caractère défavorable. Lorsque les circonstances le permettent, elles doivent conclure des arrangements pour les évacuer ou les échanger. C'est dans les Conventions de Genève de 1864[6], puis de 1906 et de 1929 que la protection du personnel sanitaire affecté à des fonctions sanitaires et consistant au recueil des combattants blessés et malades, sans distinction de caractère défavorable dans les Conflits Armés Internationaux a été codifiée pour la première fois. Mais c'est dans les Conventions de Genève du 12 août 1949[7] que la question est traitée de manière détaillée. Plusieurs pays, sur tous les continents, qui ont adopté des manuels militaires — ce qui n'est pas le cas de la République Centrafricaine en dépit de l'existence d'un code du soldat — y ont pris en compte cette règle, même si elle a été rédigée en des termes généraux couvrant l'ensemble des blessés, malades et naufragés, qu'ils soient militaires ou civils. Dans ce sens, certains États ont prévu des sanctions en cas d'abandon de personnes blessées, malades ou naufragées. En situation de Conflit Armé Non International, la règle est fondée sur les dispositions de l'article 3 commun aux Quatre Conventions de Genève du 12 août 1949 en ces termes : « les blessés et malades seront recueillis et soignés ». C'est le Protocole Additionnel II qui en traite dans des termes les plus précis en son article 8. En outre, elle est prise en compte dans un certain nombre d'instruments s'appliquant aussi aux Conflits Armés Non Internationaux. Ainsi, les manuels militaires offrent un cadre juridique idéal puisqu'ils inscrivent expressément le devoir de rechercher, de recueillir et d'évacuer les blessés, les malades et les naufragés dans les situations de conflit armé interne. Le fait d'abandonner les blessés, les malades et les naufragés constitue donc une infraction dans la législation de certains de ces États[8].

À chaque fois que le besoin s'est fait sentir, le CICR s'est employé à rappeler aux parties à des conflits armés tant internationaux que non internationaux de respecter la règle comme

[6] Convention de Genève de 1864, article 2 ; Convention de Genève de 1906, article 9 et 10 ; Convention de Genève de 1929, article 9 et 10.

[7] Première Convention de Genève de 1949, article 24 à 26 ; Deuxième Convention de Genève de 1949, article 36 ; Quatrième Convention de Genève de 1949, art. 20.

[8] Jean-Marie Henckaerts et Louise Doswald Beck, *Droit international humanitaire coutumier, volume I : Règles*, CICR, Bruylant 2011, p. 531 et suiv. Voir également la Règle 111 du DIH coutumier.

dans le cas du conflit entre l'Irak et l'Iran ou dans des cas comme ceux concernant l'opération Turquoise ou encore dans ses diverses et multiples communications à la presse. Rappelons que l'opération Turquoise est une mission autorisée par le Conseil de Sécurité dans sa résolution 929. Cette opération militaire française, déployée en Afrique de l'Est, précisément au Rwanda du 22 juin au 21 août 1994, était placée sous mandat des Nations Unies et devait travailler en coopération avec la Mission des Nations Unies pour le Rwanda (MINUAR).

Par ailleurs, le CICR s'est également employé à participer à des évacuations de blessés et malades lors de conflits partout dans le monde y compris en République Centrafricaine. En outre, s'il est vrai que dans la pratique, les organisations humanitaires doivent obtenir l'autorisation de la partie qui exerce son autorité sur la zone concernée pour mener ce type d'activité, il est du devoir de cette partie de ne pas refuser cette autorisation pour des motifs arbitraires. Cette considération a été rappelée par le Conseil de Sécurité de l'ONU, l'Assemblée Générale des Nations Unies et la Commission des Nations Unies pour les Droits de l'Homme à l'égard des parties au conflit en El Salvador et au Liban, donnant ainsi la possibilité au CICR d'évacuer des blessés et des malades[9].

L'obligation de fourniture de soins médicaux selon le principe de non-discrimination participe également de cette obligation conventionnelle. Les Conventions de Genève de 1949 expriment très clairement la règle selon laquelle, les blessés, malades et naufragés doivent recevoir, dans toute la mesure du possible et dans les délais les plus brefs, les soins médicaux qu'exige leur état et qu'aucune distinction fondée sur des critères autres que médicaux ne doit être faite entre eux. Cette règle est applicable en tant que norme de Droit International Humanitaire coutumier dans les conflits armés tant internes qu'internationaux. Toutes les parties à un conflit doivent protéger les blessés et malades contre le pillage et les mauvais traitements et veiller à ce qu'ils reçoivent des soins médicaux appropriés dans toute la mesure du possible et dans les délais les plus brefs. En situation de Conflits Armés Internationaux, l'obligation de soigner sans distinction les combattants blessés et malades est une règle d'origine ancienne puisqu'elle était déjà prise

[9] Lire Jean-Marie Henckaerts et Louise Doswald-Beck, *op. cit.* p. 521.

en compte par le Code Lieber en 1863 avant d'être codifiée dans la Convention de Genève de 1864. Sur le plan de la pratique des États, certains manuels militaires, comme ceux de la Chine, de la Colombie, de l'Espagne, de l'Italie, de la République Démocratique du Congo, etc. contiennent des dispositions consacrées à cette règle et font de sa violation une infraction[10]. Autant cette règle est prescrite en situation de Conflit Armé International, autant elle l'est en cas de Conflit Armé Non International. Dans le dernier contexte, l'article 3 commun sert de fondement à la règle en disposant que « les blessés et malades seront recueillis et soignés ». Le Protocole Additionnel II y apporte plus de précisions dans ses articles 7 et 8.

En pratique, cette obligation de soigner sans distinction les combattants blessés et malades est inscrite dans un certain nombre de manuels militaires qui sont applicables ou qui ont été déjà appliqués notamment dans des situations de Conflit Armé Non International. Le principe équivaut à un devoir dont le refus d'application constitue une infraction dans la législation de nombreux États[11]. En outre, des déclarations officielles ou d'autres types de pratiques viennent également appuyer cette règle y compris dans les situations de Conflit Armé Non International. En général, les États et les organisations ont eu, pour la plupart des cas, à condamner les violations de la règle. Le CICR a eu à appeler l'attention des parties à des conflits armés internes et internationaux à respecter ladite règle[12].

Enfin, il est très important de faire observer que l'obligation de protéger et de soigner les blessés, les malades et les naufragés est une obligation de moyens. Cela implique qu'elle peut être d'application progressive en fonction des moyens disponibles et possibles pour les parties. L'essentiel est que chaque partie au conflit fasse tout ce qui est en son pouvoir pour fournir la protection et les soins nécessaires aux blessés, aux malades et aux naufragés, tout en

---

[10] Lire Jean-Marie Henckaerts et Louise Doswald-Beck, *op.cit.*, p. 525.

[11] *Ibid.*

[12] CICR, Convention (II) de Genève pour l'amélioration du sort des blessés, des malades et des naufragés des forces armées sur mer, 12 août 1949, Commentaire de 2017. [En ligne]. Disponible sur : https://ihl-databases.icrc.org/fr/ihl-treaties/gcii-1949/article-3/commentary/2017#c__Toc136793190. Consulté le 10.03.2024.

autorisant et en encourageant les organisations humanitaires à faire de même. En vertu de cette obligation de moyen, toutes les parties aux conflits doivent prendre « toutes les mesures possibles pour rechercher et recueillir les morts »[13]. Les États ne doivent donc pas refuser cette autorisation aux organisations humanitaires pour des motifs arbitraires comme nous l'avons déjà signalé *supra*.

Le respect des blessés, malades et naufragés par les civils est un autre aspect important de la question. La population civile est appelée également à apporter sa contribution au respect de cette règle. Cette aide de la population civile est reconnue par la Convention de Genève de 1864, par la Première Convention de Genève de 1949 et les Protocoles Additionnels I et II de 1977. En effet, les Conventions de Genève et leurs Protocoles Additionnels donnent la possibilité d'appeler l'attention de la population civile à prêter son concours à la recherche, au recueillement et à l'évacuation des blessés, malades et naufragés. Une étude diligentée par la délégation du CICR à Bangui en République Centrafricaine montre, d'après les enquêtes, études de cas et analyses de témoignages individuels réalisés dans les nombreuses situations de conflit armé ou d'autres situations d'urgence, que la violence et les menaces dirigées contre les personnels sanitaires sont, pour une certaine part, le fait de personnes civiles[14].

Il y a également la question de l'utilité des armistices et autres arrangements. En *sus* des Conventions de Genève et bien d'autres instruments, il convient de mentionner la Circulaire du Secrétaire Général des Nations Unies sur le respect du Droit International Humanitaire par les Forces des Nations Unies[15], stipulant que les

---

[13] La Règle 112 du Droit International Humanitaire coutumier.

[14] CICR, « République Centrafricaine : le personnel médical doit pouvoir faire son travail », *Point sur les activités n° 08/2013*.
[En ligne]. Disponible sur :
https://www.icrc.org/fr/doc/resources/documents/update/2013/12-11-central-african-republic-health-care-in-danger.htm.
Consulté le 29.12.2023.

[15] Organisation des Nations Unies, *Circulaire du Secrétaire Général des Nations Unies*, intitulée : « Respect du droit international humanitaire par les forces des Nations Unies », publiée le 6 aout 1999.
[En ligne]. Disponible sur :
https://www.icrc.org/fr/doc/resources/documents/misc/5fzg69.htm.
Consulté le 29.12.2023.

armistices et autres arrangements locaux sont appropriés pour créer des conditions dans lesquelles les blessés et les malades peuvent être évacués. Elle exige que les parties aux conflits concluent de tels arrangements toutes les fois que les circonstances l'exigent afin de permettre l'enlèvement, l'échange et le transport des blessés laissés sur le champ de bataille.

Du point de vue du champ d'application de la règle, le principe est d'application sans distinction de caractère défavorable. Elle s'applique ainsi aux blessés, malades et naufragés quelle que soit la partie à laquelle ils appartiennent, qu'ils aient ou non participé directement aux hostilités. S'appliquant déjà aux civils en vertu de l'article 16 de la quatrième Convention de Genève, elle est rappelée à l'article 10 du Protocole Additionnel I. Concernant les Conflits Armés Non Internationaux, l'article 3 commun aux Conventions de Genève s'applique à toutes les personnes ne participant pas directement aux hostilités, impliquant ainsi les civils. Et l'article 8 du Protocole Additionnel II de n'établir aucune distinction tout comme l'article 2, paragraphe 1 du même Protocole par rapport à la non-discrimination. La plupart des manuels militaires formulent ce principe mais en des termes plus généraux c'est-à-dire en prenant en compte les blessés, malades, naufragés, que ceux-ci soient des militaires ou des personnes civiles[16].

Le principe d'immunité des populations civiles et les régimes de protection spéciale du personnel et des biens sanitaires et religieux n'en demeurent pas moins un autre aspect sérieux de la question. Il y'a le principe général de l'immunité des populations civiles contre les effets des hostilités qui ne fait pas d'obstacle à l'existence et aux recours de régimes de protection spéciale ayant pour objectif de fournir une protection juridique supplémentaire à l'égard de certaines personnes ou de certains biens méritant d'être particulièrement protégés. Il s'agit des catégories plus spécifiques suivantes comme les blessés et malades civils, le personnel et les installations sanitaires civils, le personnel et les installations des organismes de protection civile, les personnes sous régime de trêves et d'évacuations ou encore de zones de refuge.

---

[16] Les manuels militaires de l'Allemagne, de l'Argentine, de l'Australie, de la Belgique, etc., cités par Jean-Marie Henckaerts et Louise Doswald-Beck, *op.cit.*, p. 525 et suiv.

Tous ces régimes de protection spéciale ne sont pas appelés à se substituer, mais plutôt à se superposer à l'obligation générale qui consiste à respecter et protéger les populations civiles. Le principe de l'immunité de blessés et malades civils est posé à l'article 16, alinéa 1er de la quatrième Convention en ces termes : « Les blessés et les malades ainsi que les infirmes et les femmes enceintes seront l'objet d'une protection et d'un respect particuliers ». Ce principe découle de l'obligation qui incombe à toute partie au conflit de recueillir et de soigner les blessés et les malades. À ce titre, le personnel sanitaire exclusivement affecté à des fonctions sanitaires doit être respecté et protégé en toutes circonstances. Quel est alors le sens généralement admis relativement par les États, de l'expression « respect et protection » ? À titre d'exemple, les manuels militaires du Royaume-Uni et de l'armée des États-Unis d'Amérique définissent l'expression comme l'interdiction faite de sorte que le personnel sanitaire ne fasse pas délibérément l'objet d'attaques, de tirs d'armes à feu, ou ne soit empêché sans nécessité d'accomplir ses fonctions. Le manuel militaire d'Allemagne va plus loin dans la protection en englobant le devoir de défendre, d'aider et de soutenir le personnel sanitaire en cas de besoin[17].

Par ailleurs, la règle tire ses sources de la Convention de Genève de 1864 avant d'être reprise dans les Conventions de Genève de 1906 et 1929 et s'étend à certaines dispositions des quatre Conventions de Genève du 12 août 1949. Le Protocole Additionnel I étend son champ d'application, à travers les dispositions de son article 15, au personnel sanitaire civil au lieu du personnel sanitaire militaire exclusivement. La pratique de nombreux États prend en compte cette extension en ne faisant pas de distinction entre les deux catégories de personnel sanitaire en question.

Quant à la protection du personnel des hôpitaux civils, elle est garantie par l'article 20 de la quatrième Convention de Genève du 12 août 1949. Il est nécessaire de préciser que cette protection spéciale n'est assurée qu'au personnel hospitalier. Il est donc important de mentionner que sous la couverture des Conventions de Genève du 12 août 1949, les médecins et les infirmiers civils qui ne sont pas régulièrement affectés au fonctionnement d'un hôpital sont protégés plutôt par le principe général de l'immunité des populations

[17] Lire Jean-Marie Henckaerts et Louise Doswald-Beck, *op.cit.*, p. 528.

civiles contre les effets de la guerre tel que contenu dans la Quatrième Convention de Genève de 1949. Ces dispositions pertinentes sont ainsi libellées : « Pour autant que les exigences militaires le permettront, chaque Partie au conflit favorisera les mesures prises pour rechercher les tués ou blessés, venir en aide aux naufragés et autres personnes exposées à un grave danger et les protéger contre le pillage et les mauvais traitements »[18]. L'article 15 du Protocole Additionnel I vient en appoint aux dispositions suscitées qui paraissent, du moins, insuffisantes si l'on tient compte des risques encourus par les médecins et les infirmiers civils dans l'exercice de leur fonction.

Un autre renforcement de ce dispositif est apporté par l'article 3 Commun aux quatre Conventions de Genève du 12 août 1949, qui prévoit — en cas de Conflit Armé Non International — que les blessés et malades soient recueillis et soignés. Cette protection est également soutenue par l'article 9 du Protocole Additionnel II que l'on doit également considérer comme important pour le droit en vigueur. Il dispose en effet : « Le personnel sanitaire et religieux sera respecté et protégé. Il recevra toute l'aide disponible dans l'exercice de ses fonctions et ne sera pas astreint à des tâches incompatibles avec sa mission humanitaire. Il ne sera pas exigé du personnel sanitaire que sa mission s'accomplisse en priorité au profit de qui que ce soit, sauf pour des raisons médicales ». C'est l'argument fondé sur le principe de la neutralité de l'acte médical qui permet de protéger le personnel sanitaire civil au même titre et dans les mêmes limites que le personnel de santé des forces armées. En effet, il est interdit, non seulement, de punir une personne pour avoir accompli des tâches médicales conformes à la déontologie, mais également de contraindre une personne exerçant une activité de caractère médical à accomplir des actes contraires à la déontologie.

L'objectif recherché est de faire barrière à toute velléité de contraintes faites au personnel soignant de se comporter d'une manière contraire aux intérêts des blessés, malades ou naufragés. Ainsi, nul patient ne doit faire l'objet de mutilations, d'expériences médicales ou scientifiques ou de tout autre acte médical qui ne serait pas exigé par son état de santé ou qui serait non conforme aux normes médicales. Inscrit dans des manuels militaires de plusieurs

---

[18] Quatrième Convention de Genève du 12 août 1949, article 16, alinéa 2.

pays, ce principe est applicable aussi bien en situation de conflits armés internationaux que celle de conflits armés non internationaux. Ces violations ont souvent été condamnées par des États et par des Organisations Inter-gouvernementales (OIG) à l'exemple des Nations Unies, du Conseil de l'Europe ou encore de l'Association Médicale Mondiale (AMM).

Le statut de la Cour Pénale Internationale fait des attaques lancées de manière délibérée contre le personnel utilisant, conformément au droit international, les signes distinctifs prévus par les Conventions de Genève, une infraction constitutive de crimes de guerre aussi bien dans les conflits armés internationaux qu'internes. Ceci vaut également pour le personnel sanitaire puisque celui-ci est en droit d'utiliser les signes distinctifs prévus par les Conventions de Genève du 12 août 1949. On trouve également dans de nombreux manuels militaires, l'obligation de respecter et protéger le personnel sanitaire de sorte que dans la législation et dans certaines pratiques rapportées dans un bon nombre de ces États, toute violation de cette règle constitue un crime de guerre[19]. En situation de Conflit Armé Non International, la règle est prise en compte par l'article 3 commun aux quatre Conventions de Genève de 1949 qui exige que les blessés et les malades soient recueillis et soignés. La protection du personnel sanitaire est, de ce point de vue, une forme subsidiaire de protection pour garantir la protection des catégories citées afin qu'elles bénéficient des soins médicaux appropriés. Cette exigence de protection du personnel sanitaire est également consacrée, de manière explicite, dans le Protocole Additionnel II de 1977, notamment dans les dispositions de son article 9, paragraphe 2 et confirmée par le Statut de Rome de la Cour Pénale Internationale à son article 8.

D'autres instruments consacrent également cette règle qui s'applique aussi en temps de Conflit Armé Non International. Des manuels militaires de certains pays comme l'Afrique du Sud,

---

[19] Voir CICR, « Respecter et protéger les soins de santé dans les conflits armés et dans les situations non couvertes par le droit international humanitaire », *Fiche technique des services consultatifs du CICR*, mars 2012. [En ligne].
Disponible sur : https://www.file:///C:/Users/UTILISATEUR/Downloads/health-care-law-factsheet-icrc-fre-2.pdf.
Consulté le 10.03.2024.

l'Allemagne, l'Argentine, le Benin, le Cameroun, etc. vont dans le même sens, précisant que les violations de cette règle en situation de Conflit Armé Non International constituent une infraction[20]. De telles infractions ont été toujours condamnées tant par les États que par les Organisations Non-Gouvernementales et le CICR[21].

La définition du personnel sanitaire fait appel, de manière exclusive, à la notion d'affectation à des fonctions sanitaires ou à tout ce qui touche aux soins des blessés, malades et naufragés, qu'ils soient civils ou militaires, qu'ils proviennent d'un organisme de protection civile ou des sociétés nationales de la Croix-Rouge ou du Croissant-Rouge ou qu'ils soient mis à disposition d'une Partie au conflit à des fins humanitaires par un État tiers neutre ou par toute société de secours reconnue et autorisée par cet État. L'affectation peut être permanente ou instantanée ou encore temporaire et être considérée comme telle. A ce titre, des ONG comme CARE et Médecins Sans Frontières (MSF) ou d'autres encore offrent des soins aux malades et aux blessés et sont également respectées de ce point de vue même si elles portent des signes distinctifs qui n'ont pas forcément une valeur juridique internationale. La protection du personnel sanitaire ne se perd que s'il commet, en dehors de ses fonctions humanitaires, des actes apparaissant comme nuisibles à l'ennemi. Cependant, le personnel sanitaire perd la protection spécifique à laquelle il a droit lorsqu'il commet des actes hostiles s'apparentant à des actes de perfidie par exemple. Les pratiques étatiques et les législations nationales insistent sur l'importance de la commission d'actes hostiles qui fait perdre au personnel sanitaire la protection spécifique à laquelle elle a droit. Il s'agit d'une exception liée à la conséquence logique entre le bénéfice du privilège de respect et de protection du personnel sanitaire et l'affectation exclusive à des fonctions sanitaires.

Comme il est établi en règle générale, le fait de participer directement aux hostilités en violation du principe de neutralité et en

---

[20] Lire Jean-Marie Henckaerts et Louise Doswald-Beck, *op.cit.*, p. 530.

[21] Voir le Communiqué de Presse du CICR du 03 mai 2021 intitulé « En cinq ans, des prestataires de soins et des patients ont subi des milliers d'attaques ». [En ligne]. Disponible sur : https://www.icrc.org/fr/document/en-cinq-ans-des-prestataires-de-soins-et-des-patients-ont-subi-des-milliers-dattaques. Consulté le 29.12.2023.

contradiction avec la fonction humanitaire du personnel sanitaire est considéré comme un acte nuisible à l'ennemi. Toutefois, il y a lieu de faire remarquer que ni le fait de soigner les militaires ennemis blessés et malades ni le fait de porter des uniformes militaires ou des insignes ennemis ne peuvent, à eux seuls, constituer un acte hostile, car même le fait d'équiper le personnel sanitaire d'armes portatives afin de se défendre ou de défendre leurs patients et uniquement à ces fins ne cause pas la perte de la protection spécifique qui leur est due[22]. Ainsi, il est généralement admis par la pratique des États que la protection accordée ne cesse pas si ces membres du personnel sanitaire sont équipés d'armes légères individuelles exclusivement destinées à lui permettre de défendre ses patients ou de se défendre lui-même contre des actes de violence à l'exemple du maraudage. Plus encore, par analogie, pour la protection des unités sanitaires, le fait pour le personnel sanitaire d'être accompagné par des militaires ne constitue pas pour eux un acte hostile. Or, si le personnel sanitaire utilise ces armes dans des combats contre une des parties antagonistes en conformité avec le *jus in bello* y compris pour résister à la capture, il perd son droit à la protection.

Du point de vue de la déontologie, il est interdit de punir une personne pour avoir accompli des tâches médicales conformes à la déontologie ou de contraindre une personne exerçant une activité de caractère médical à accomplir des actes contraires à la déontologie[23]. Cela veut dire que le personnel sanitaire ne peut être puni pour avoir apporté une assistance médicale. Étant applicable aussi bien en CANI qu'en CAI, ce principe est codifié à l'article 16 du PA I et à l'article 10 du PA II. Ces dispositions n'ont fait l'objet d'aucune réserve lors de la ratification desdits Protocoles.

Certaines dispositions de manuels militaires et de déclarations officielles des États ont également considéré cette règle. Ainsi, toute violation commise dans ces conditions constitue en soi une violation du droit des blessés et des malades à bénéficier de protections et de soins. Aucune pratique officielle contraire n'a été constatée aussi bien dans des situations de CANI que de CAI. Bien au contraire, des poursuites alléguées contre des membres du personnel sanitaire ont

---

[22] Convention de Genève de 1906, article 8, paragraphe 1.
Voir également la Convention de Genève de 1929, article 8, paragraphe 1er.

[23] La Règle 26 du Droit International Humanitaire coutumier.

été condamnées par des États comme étant des violations du Droit International Humanitaire au même titre que les Nations Unies ou l'Association Médicale Mondiale[24].

Pour le secret médical, disons que c'est en des termes problématiques que cette question s'est posée au départ. En effet, les discussions préparatoires à l'adoption des Protocoles Additionnels de 1977 ayant opposé certains États refusant que le personnel sanitaire soit tenu, selon des possibilités offertes par les législations nationales, de signaler les blessures causées par des armes à feu lors d'un conflit ont conduit finalement à ce que ni le PA I ni le PA II ne l'interdisent. Dans ce sens, une personne peut être punie de n'avoir pas divulgué des informations sanitaires alors qu'elle était légalement tenue de le faire. *A contrario*, personne ne doit être puni d'avoir apporté des soins médicaux[25]. Si certains États ont adopté dans leur législation nationale un système qui garantit le caractère confidentiel des données contenues dans un dossier médical — ce qui est théoriquement le cas en République Centrafricaine — il convient de mentionner cependant qu'aucune obligation internationale n'est faite dans ce sens.

B. Les obligations conventionnelles à l'égard du personnel religieux, des unités de transports sanitaires et des membres du personnel de secours humanitaire

Le personnel religieux exclusivement affecté à des fonctions religieuses doit être respecté et protégé en toutes circonstances. Il perd sa protection s'il commet, en dehors de ses fonctions humanitaires, des actes nuisibles à l'ennemi. Cette obligation remonte à la Convention de Genève de 1864. Elle a ensuite été reprise dans les Conventions de 1906 et de 1929. Elle est aussi inscrite à l'article 24 de la Première Convention et à l'article 36 de la Deuxième Convention de Genève de 1949. Consécutivement, le

---

[24] Lire Jean-Marie Henckaerts et Louise Doswald-Beck, *op.cit.*, p. 525.
[25] Voir CICR, « Respecter et protéger les soins de santé dans les conflits armés et dans les situations non couvertes par le droit international humanitaire » *op. cit.* [En ligne].
Disponible sur : https://www.file:///C:/Users/UTILISATEUR/Downloads/health-care-law-factsheet-icrc-fre-2.pdf.
Consulté le 11.03.2024.

Protocole Additionnel I a consacré le principe dans les dispositions de son article 15 à l'égard, non seulement, du personnel religieux civil, mais également militaire. Elle est en plus prise en compte par l'article 9 du Protocole Additionnel II pour ce qui concerne les situations de Conflit Armé Non International.

Par ailleurs, le Statut de la Cour Pénale Internationale fait des attaques délibérément lancées contre le personnel utilisant les signes distinctifs prévus par les Conventions de Genève dans les conflits armés, des actes constitutifs de crimes de guerre[26]. Le Traité de Rome évoque d'une manière claire et évidente le personnel religieux puisque celui-ci fait également usage de l'emblème. Les États ont repris également ce principe dans leurs pratiques et législations nationales en se référant à l'expression « personnel religieux », sans faire de distinction entre personnel religieux, militaire ou civil. Cette précision est importante. En effet, sur le plan de la définition, l'expression « personnel religieux » s'entend de tout personnel, militaire ou civil, exclusivement affecté à son ministère et attaché à une partie au conflit, à ses unités sanitaires ou à ses moyens de transport[27].

Que retenir alors des unités sanitaires ? L'expression « unités sanitaires » désigne les établissements et autres formations militaires ou civiles, organisés à des fins sanitaires, qu'ils soient fixes ou mobiles, permanents ou temporaires. Ce sont les hôpitaux et autres unités similaires, les centres de transfusion sanguine, les centres et instituts de médecine préventive, les dépôts de matériels sanitaires et de produits pharmaceutiques de ces unités. Les unités sanitaires exclusivement affectées à des fins sanitaires doivent être respectées et protégées en toutes circonstances. Elles perdent leur protection si elles sont employées, en dehors de leur fonction humanitaire, pour commettre des actes nuisibles à l'ennemi. Ainsi, la protection due aux unités sanitaires ne pourra cesser que si ces dernières sont utilisées pour accomplir, en dehors de leur fonction humanitaire, des actes hostiles[28].

---

[26] Le Traité de Rome de 1998 portant statut de la Cour Pénale Internationale, art. 8.
[27] Le Protocole Additionnel I aux Quatre Conventions de Genève du 12 août 1949, article 8, alinéa c).
[28] Voir la Règle 28 du Droit International Humanitaire.

Toutefois, la protection ne cessera que si une sommation a été fixée, et ce, dans un délai raisonnable. Cette règle trouve son origine dans la protection des « hôpitaux et [...] lieux de rassemblement de malades et de blessés », telle qu'elle est inscrite dans le Règlement de La Haye ainsi que dans les Première et Quatrième Conventions de Genève du 12 août 1949. Sa portée a été étendue dans le Protocole Additionnel I pour couvrir les unités sanitaires civiles en plus des unités sanitaires militaires. Les pratiques étatiques vont largement dans le même sens. Et le Traité de Rome portant statut de la Cour Pénale Internationale d'affirmer que le fait de lancer des attaques délibérées contre « des hôpitaux et des lieux où des malades ou des blessés sont rassemblés, pour autant que ces bâtiments ne soient pas des objectifs militaires, ainsi que contre les unités sanitaires utilisant, conformément au droit international, les signes distinctifs des Conventions de Genève, constitue un crime de guerre dans les Conflits Armés Internationaux »[29]. Des manuels militaires d'un grand nombre de pays ont pris en compte cette question en faisant référence au Droit International Humanitaire coutumier[30]. Pour les situations de Conflit Armé Non International, cette règle est implicitement contenue dans l'article 3 commun aux Conventions de Genève, lequel exige que les blessés et les malades soient recueillis et soignés, car la protection des unités sanitaires est une forme subsidiaire de protection généralement accordée aux blessés et malades recevant des soins médicaux. Le Protocole Additionnel II formule également la même règle, en plus du statut de Rome de la Cour Pénale Internationale, en faisant de toute attaque délibérée contre ces unités sanitaires, un crime de guerre[31].

Dans la même optique, les moyens de transport sanitaire exclusivement réservés au transport sanitaire doivent être respectés et protégés en toutes circonstances. Ils perdent leur protection s'ils sont employés, en dehors de leur fonction humanitaire, pour commettre des actes nuisibles à l'ennemi. Cette obligation est formulée à l'égard des situations de Conflit Armé International, à l'article 35 de la Première et à l'article 21 de la Quatrième Convention de Genève. Sa portée a été étendue par l'article 21 du

[29] Le Traité de Rome de 1998 portant statut de la Cour Pénale Internationale, *op.cit.*
[30] Lire Jean-Marie Henckaerts et Louise Doswald-Beck, *op.cit.*, p. 525.
[31] Protocole Additionnel II aux Quatre Conventions de Genève de 1949, art. 11.

PA I au moyen de transport civil, en plus des moyens de transport militaire. Cette extension est largement appuyée dans la pratique des États, lesquels ne font pas de distinction entre ces moyens. En outre, la CPI fait de toute attaque délibérée contre les moyens de transport répondant aux normes d'usage des signes distinctifs, un crime de guerre (art. 8). Dans les CANI, c'est l'article 3 Commun aux quatre Conventions de Genève de 1949 qui accorde cette protection. Le PA II et le Statut de Rome de la Cour Pénale Internationale vont aussi dans ce sens.

Le dispositif relatif au respect et à la protection du personnel de secours humanitaire est un corollaire de l'interdiction de la famine ainsi que de la règle qui exige que les blessés et les malades soient recueillis et soignés. Celles-ci sont — bien entendu — applicables dans les situations de conflit armé tant international que non international. La sécurité du personnel de secours humanitaire est une condition indispensable à l'acheminement des secours humanitaires aux populations civiles dans le besoin et qui seraient menacées par la famine. Les références sont l'article 71, paragraphe 2 du PA I et le Statut de la CPI qui fait, quant à lui, de la violation de cette règle, un acte constitutif de crimes de guerre (art. 8).

Paragraphe 2 : La réglementation nationale de la protection des soins de santé en danger

Dans les faits, la situation juridique et opérationnelle de la protection des soins de santé présente des acquis qu'il convient de capitaliser et d'encourager (A). Toutefois, il faut relever également un certain nombre de manquements importants (B).

A. Une réglementation à encourager

Dans le cadre du travail du Ministère de la santé publique, peut d'emblée être mentionnée, la Loi n°89.003 du 23 mars 1989 fixant les principes généraux relatifs à la santé publique en Centrafrique. Cette loi précise le droit de tout citoyen centrafricain à la santé et à disposer du libre choix du praticien. Mais, les droits qui y sont mentionnés sont soumis à une participation financière.

Par ailleurs, elle donne le pouvoir au gouvernement de définir la politique générale en matière de santé, de fixer l'organisation et le fonctionnement des services publics et privés de santé. Elle fixe les conditions de la mise en application des mesures destinées à assurer la protection, le rétablissement, l'amélioration de la santé des populations ainsi que la promotion sociale des individus et des groupes sociaux composant la communauté nationale. L'essentiel de son contenu est réservé aux questions de prise en charge des soins, confiée concomitamment à l'État, au citoyen et au secteur privé selon le type de gestion partielle ou globale. Cependant, cette politique de prise en charge mérite d'être améliorée dans le cadre d'une loi générale portant sur la prise en charge de la protection des soins de santé en danger en République Centrafricaine.

Le Décret n°80/253 fixant le taux des indemnités allouées au personnel du cadre de la santé publique et de la population du 02 mai 1980 se positionne dans l'optique d'assurer une meilleure prise en charge du personnel de santé. Ainsi, elle a alloué à ce personnel du cadre de la santé publique et de la population des indemnités et primes mensuelles dont les taux ont été fixés et répartis en fonction de tours de garde accomplis, de la participation aux luttes contre les grandes endémies, des responsabilités et des risques encourus ainsi qu'en fonction des postes spécifiques d'anesthésiste ou de chirurgien, par exemple. Ces primes sont allouées aux médecins, directeurs des hôpitaux et chefs de cliniques, aux médecins-chefs d'hôpitaux généraux, aux médecins-chefs de préfecture sanitaire, aux chefs de préfecture sanitaire, aux administrateurs des hôpitaux, aux médecins-chefs ou chefs de centre de santé, aux majors de centre de santé ou de dispensaire urbain, aux surveillants généraux des hôpitaux, aux gestionnaires d'hôpitaux généraux ainsi qu'aux gestionnaires d'hôpitaux préfectoraux.

L'Arrêté n°278/MSP/CAB/SG/DGSP du 18 septembre 1996, rapportant l'Arrêté n°303/MSPP/CAB/SG/DGSPP du 07 novembre 1994, portant tarification des médicaments essentiels dans les formations sanitaires publiques, traite des aspects très techniques de tarification des médicaments essentiels. Il fixe le prix de revient des médicaments essentiels et des dispositifs médicaux et chirurgicaux « rendu magasin » de l'Unité de Cession du Médicament (UCM). Ce prix s'obtient en multipliant le prix grossiste hors taxes par le coefficient d'approche moyen et fixe également le prix de cession des médicaments et des dispositifs médicaux et chirurgicaux par l'UCM. Ce dernier s'obtient quant à lui, en multipliant le prix de revenu « rendu magasin » de l'Unité de Cession du Médicament (UCM), par le coefficient multiplicateur de 1,12. En outre, l'Arrêté fixe le prix public qui s'applique aux médicaments essentiels. Ce prix s'obtient en multipliant le prix du revenu « rendu magasin » de l'UCM par le coefficient multiplicateur 1,5. Ainsi, la marge de distribution représente la différence entre le prix public et le prix de cession par l'Unité de Cession du Médicament. Le contenu de cette loi s'achève par l'obligation faite aux responsables de cette chaîne de distribution et de vente des médicaments d'afficher publiquement toutes ces informations.

Il y a également l'Arrêté n°19/MSP/DIR.CAB/CMAJC.018 du 16 février 2018 qui fixe la liste des hôpitaux publics en République Centrafricaine. Cet arrêté a déterminé la liste des hôpitaux publics sur le territoire national, laquelle liste n'a pas profondément changé depuis lors. Ainsi, nous avons les hôpitaux centraux, les hôpitaux régionaux universitaires, les hôpitaux de district et secondaires par région, répartis sur sept régions sanitaires, y compris Bangui et la préfecture de l'Ombella Mpoko.

Il y a, en outre, l'Arrêté n°245/MSP/CAB/SG/CFPS du 12 septembre 1995, portant fixation des taux et modalités de paiement des prestations des établissements publics de santé en République Centrafricaine. Ce texte fixe, en effet, les tarifs applicables à tous les malades centrafricains et étrangers vivant sur le sol centrafricain en faisant payer le quart de chaque tarif à tout étudiant et élève. Ces tarifs sont révisables par les conseils ou par les comités de gestion des formations sanitaires publiques dans les limites établies par les lois. On y trouve les prix des consultations de tous types (prénatal, postnatal, de planification familiale, etc.) ainsi que les prix des différentes interventions chirurgicales. L'arrêté contient également les prix des certificats médicaux.

En *sus* de toutes ces mesures édictées, d'autres devraient être prises pour que les membres du personnel de santé reçoivent une formation solide, non seulement en Droit International Humanitaire, mais également en Droit International des Droits de l'Homme et en éthique médicale. Ces connaissances leur seraient utiles pour faire valoir leurs droits et ceux de leurs patients dans les conflits armés et autres situations d'urgence. Elles les aideraient également à assumer leurs responsabilités lorsqu'ils sont confrontés à des dilemmes éthiques. Les responsabilités consistent, entre autres, à soigner les blessés et les malades avec humanité, à ne pas les abandonner, à s'abstenir de prendre part aux hostilités et à dispenser des soins de manière impartiale. Il est de la responsabilité des personnels de santé de collecter des données sur les patients dont ils ont la charge, tout en veillant à respecter leur droit à la confidentialité et au consentement[32]. Les dossiers médicaux devraient être tenus à jour à chaque étape du traitement. Ceux-ci devraient également être gérés dans le respect de l'intérêt supérieur du patient et conservés dans des conditions de nature à en garantir le caractère confidentiel.

L'accès au dossier médical devrait être réservé au patient lui-même et, le cas échéant, à d'autres professionnels de la santé. Il est impératif de protéger le secret médical pour préserver la confiance de la population envers les membres du personnel de santé ainsi qu'envers leur travail. Le caractère confidentiel des dossiers médicaux devrait être reconnu par la législation nationale et les exceptions au secret médical — notamment en cas de risque d'épidémie à l'exemple de la pandémie à covid 19 — devraient être strictement encadrées par la loi.

Les membres du personnel de santé se doivent d'être attentifs aux besoins de santé que pourraient avoir certaines catégories de patients notamment les femmes, les garçons, les filles, les personnes âgées et les personnes handicapées. Les victimes de violences sexuelles, en particulier, devraient être prises en charge par des professionnels expérimentés, ayant autorité pour enquêter et consigner chaque cas de violence porté à leur connaissance. Elles devraient également être suffisamment soutenues par l'État.

En République Centrafricaine, on peut saluer les efforts ayant conduit à la création de l'Unité Mixte d'Intervention Rapide et de Répression des violences sexuelles faites aux femmes et aux enfants (UMIRR). Cette structure a pour vocation de promouvoir dans le pays un cadre propice et approprié pour la prévention et la répression des infractions relatives aux violences basées sur le genre et aux violations des droits de l'enfant. Elle s'occupe de la prise en charge efficace et efficiente des victimes et assure un cadre de vie idéal aux femmes et aux enfants. Elle a été créée par le Décret n°15.007 du 08 janvier 2015. Elle a une composition mixte et sa compétence s'étend sur toute l'étendue du territoire national.

---

[32] Règle 25 de l'Étude du CICR sur le Droit International Humanitaire coutumier.

Les membres du personnel de santé sont parfois témoins de violations du Droit International Humanitaire ou du Droit International des Droits de l'Homme. Ils devraient donc lorsque les circonstances le permettent, être en mesure de dénoncer de telles violations aux autorités compétentes à condition que la sécurité des victimes comme celle des personnels de santé ne s'en trouvent pas davantage menacées. Les données ou informations relatives à ces violations devraient être collectées dans le respect des principes éthiques relatifs aux soins de santé et ne pas être communiquées si leur divulgation entraîne un risque pour les agents de santé chargés de les collecter ou pour d'autres personnels. Dans les situations particulièrement dangereuses, il est recommandé de renoncer à la collecte de données. Il est essentiel pour les membres du personnel de santé d'évaluer la perception que la communauté locale a, en particulier, des porteurs d'armes, des autorités et des groupes et individus influents et de leur travail. Ces personnels devraient adopter un code de conduite adapté au contexte car ils ont besoin du respect et de la confiance de la communauté pour pouvoir accéder sans aucune restriction aux blessés et aux malades. Des actions de sensibilisation peuvent être organisées pour souligner l'importance de la préservation de la sécurité des personnels de santé, des structures médicales et des véhicules sanitaires et expliquer les principes de l'éthique médicale comme, entre autres, l'impartialité. Grâce à ces informations, les membres de la communauté seront mieux à même de comprendre le pourquoi des décisions médicales.

Des volontaires locaux peuvent, en outre, être chargés de suivre l'évolution de l'acceptation et de la compréhension par la communauté du rôle des personnels de santé. Pour gagner en crédibilité et se faire mieux respecter, les membres du personnel de santé devraient arborer l'emblème, à titre indicatif ou protecteur, conformément aux règles de droit pertinentes. Un emblème de grandes dimensions devrait aussi être apposé sur les structures médicales et les véhicules sanitaires de manière à être reconnaissable de loin[33].

Sur le plan de la protection du personnel de la santé toujours, « les attaques contre le personnel et les biens sanitaires et religieux arborant, conformément au droit international, les signes distinctifs

---

[33] Règle 28 de l'Étude du CICR sur le Droit International Humanitaire coutumier.

prévus par les Conventions de Genève, sont interdites »[34] — nous avons déjà évoqué la question *supra* —. A ce sujet, rappelons que les membres du personnel de santé, les structures médicales et les véhicules sanitaires sont protégés pendant les conflits armés pour autant qu'aucun acte nuisible contraire à leur mission humanitaire et médicale ne puisse leur être imputé. Des mécanismes devraient être mis en place pour permettre à ceux-ci de rappeler aux autorités leur obligation de rechercher et recueillir les blessés et les malades et de veiller à ce qu'ils soient traités sans discrimination. Ces mécanismes devraient pouvoir solliciter l'assistance des autorités dans l'accomplissement de leurs tâches et devraient avoir accès aux victimes. Rappelons toujours qu'il est strictement interdit de demander à des membres du personnel de santé d'enfreindre la loi ou le code de déontologie de leur profession, ou encore de divulguer des renseignements sur un patient lorsqu'ils n'ont pas l'obligation légale de le faire. Les membres du personnel de santé ne doivent pas être sanctionnés pour avoir accompli leur travail ou refusé d'obéir à un ordre illégal ou contraire à l'éthique. Ils devraient bénéficier d'un soutien psychologique et d'une assurance santé et être couverts par le système de sécurité sociale. Ils sont autorisés à porter des armes individuelles légères pour se défendre et protéger les blessés et les malades dont ils ont la charge.

Dans l'exercice de leurs fonctions, les membres du personnel de santé doivent faire preuve, tout à la fois, d'humanité, de conscience professionnelle et de bon sens. Ils devraient garder à l'esprit les trois piliers de l'éthique médicale : le secret professionnel, le respect de l'autonomie et de la dignité du patient et l'obtention de son accord explicite pour toute procédure médicale. Ainsi, lorsqu'un membre du personnel de santé est confronté à un dilemme éthique dans un conflit armé ou une autre situation d'urgence, il doit se poser les questions suivantes : mes actions servent-elles en priorité les intérêts des blessés et des malades ? Sont-elles conformes aux règles du Droit International Humanitaire, du Droit International des Droits de l'Homme et de la législation nationale ? En résultera-t-il davantage de bien que de mal ? Est-il plus risqué d'agir ou de ne rien faire ? Au vu des circonstances, les soins que je prodigue sont-ils les meilleurs possibles ?

---

[34] Règle 30 de l'Étude du CICR sur le Droit International Humanitaire coutumier.

La fourniture de services de santé pendant un conflit armé ou d'autres situations d'urgence comporte des risques particuliers. Les membres du personnel de santé devraient, par conséquent, être sensibilisés aux réalités qui les attendent (conditions difficiles, nouveaux défis à relever en permanence, etc.). Leur rôle et leurs responsabilités devraient leur être clairement expliqués afin qu'ils sachent faire preuve de la souplesse requise dans les situations d'urgence.

Ainsi, les membres du personnel de santé devraient recevoir une formation spéciale pour apprendre à gérer ce type de situation et le stress qu'elles engendrent. Cette formation pourrait couvrir un large éventail de domaines : exercices d'alerte incendie, évaluation et gestion des risques, protection, négociation, communication, gestion des attentes des bénéficiaires, autodéfense, soutien psychologique, premiers secours et bien-être personnel. Des conseils sur la conduite à tenir au sein comme à l'extérieur de la structure devraient également leur être prodigués pour leur permettre de désamorcer les tensions[35].

À propos des structures médicales et des véhicules sanitaires, il est impératif de définir un cadre en matière de sécurité et de sûreté qui soit adapté à la situation. Ce cadre devrait être défini, dans la mesure du possible, en coopération avec les parties au conflit, les autorités et d'autres organisations humanitaires. Pour ce faire, il est nécessaire de recenser les capacités essentielles et d'évaluer l'impact potentiel d'une crise sur les ressources en personnel. Il convient d'élaborer un plan d'urgence et d'établir une liste de fournitures et de services indispensables pour garantir le fonctionnement autonome de la structure pendant une dizaine de jours[36]. A cet effet, il est impératif d'entretenir de bonnes relations de travail avec plusieurs fournisseurs, le recours à une source unique d'approvisionnement étant trop risqué. L'obtention d'autorisations

---

[35] CICR, *Les soins de santé en danger, Les responsabilités des personnels de santé à l'œuvre dans des conflits armés et d'autres situations d'urgence*, décembre 2012, p. 60 et suiv.

[36] CICR, *Guide pour la mise en œuvre des règles protégeant la fourniture des soins de santé dans les conflits armés et autres situations d'urgence*. [En ligne]. Disponible sur : https://healthcareindanger.org/wp-content/uploads/2017/06/hcid-guiding-tool-icrc-fre.pdf. Consulté le 20.02.2024.

spéciales auprès des autorités nationales peut considérablement faciliter l'importation de fournitures médicales[37].

Par ailleurs, une part suffisante des ressources devrait être allouée à la mise en place de certaines procédures et à l'organisation d'exercices de simulation pour permettre à tous les membres du personnel de se préparer aux situations d'urgence. Des accords devraient être conclus avec d'autres prestataires de soins pour garantir la fourniture de matériel ou de personnel d'appoint en cas de besoin. Le plan d'urgence établi par la structure devrait être articulé avec les plans régionaux ou nationaux déjà en place. Si la mise en œuvre de mesures de sécurité passives et actives peut limiter les dommages subis par la structure médicale lors d'une attaque ou d'une incursion d'hommes armés, il faut veiller à ce qu'elles n'entachent pas la perception que la communauté locale a de la structure[38]. Le responsable de la structure médicale doit veiller à ce qu'un plan de gestion des risques, notamment d'incendie, soit en place et que tous les membres du personnel connaissent les procédures d'évacuation. Des mesures visant à protéger les zones sensibles et à réguler les entrées et les sorties peuvent être mises en place pour limiter les risques d'intrusion. Toutefois, ces mesures ne doivent pas entraver l'accès des patients et de leurs proches ou encore celui des personnels de santé[39]. Pour sécuriser l'accès et les points d'entrée, un mur d'enceinte doté de postes de contrôle devrait être érigé tout autour de la structure de santé. Une distinction claire devrait être établie entre les contrôles de sécurité à l'entrée et le triage des patients. Les gardiens recrutés par la structure devraient être uniquement affectés aux postes de contrôle et non au triage. Le responsable de la structure médicale devrait veiller à ce que les zones d'accueil et de triage tiennent compte des règles de séparation des sexes en vigueur dans la culture locale[40]. Il est indispensable de mettre en place un système d'alerte précoce en utilisant, de préférence, un réseau de télésurveillance en circuit fermé[41]. Les services essentiels devraient être installés dans des zones sécurisées

---

[37] CICR, *op. cit.* [En ligne].

[38] CICR, *ibid.*

[39] CICR, *ibid.*

[40] CICR, *Des structures médicales plus sûres et mieux préparées aux conflits armés et autres situations d'urgence*, octobre 2015, p. 29 et suiv.

[41] *CICR, op. cit.* [En ligne].

pour subir le moins de dommages possible en cas d'attaque. Plusieurs systèmes sécurisés de gestion de l'information devraient être mis en place au cas où les moyens de communication traditionnels cesseraient de fonctionner[42].

À titre de rappels, le personnel fait partie des catégories de personnel humanitaire ayant le droit d'arborer l'emblème[43] de la Croix-Rouge et du Croissant-Rouge. Rappelons que sont autorisés à arborer l'emblème à des fins de protection : le personnel sanitaire et religieux des forces armées (ainsi que son matériel), le personnel médical civil et les membres du personnel de santé des sociétés nationales (ainsi que leur matériel), qu'ils y soient habilités en tant que personnel médical civil ou en tant qu'auxiliaires des services sanitaires des forces armées, d'autres prestataires de soins de santé ayant reçu une autorisation spéciale des autorités compétentes pour fournir des soins de santé en période de conflit armé, les membres du personnel de santé du CICR et ceux de la Fédération Internationale de la Croix-Rouge. En période de conflit armé, seuls les membres des services de santé du Mouvement sont autorisés à arborer l'emblème à titre indicatif[44]. En temps de paix, l'emblème indicatif peut être utilisé par les Sociétés Nationales, le CICR, la Fédération Internationale, les ambulances autorisées à dispenser des soins gratuits, etc. Au vu de la variété de symboles utilisés par les différents prestataires de services ambulanciers (pompiers et Sociétés nationales), des règles devraient être établies d'un commun accord quant à leurs conditions d'utilisation respectives au niveau de chaque État Partie aux Conventions de Genève[45]. L'emploi abusif des emblèmes peut entraîner des confusions et mettre à mal le respect dû à ceux qui les arborent. Les membres du personnel de santé devraient s'associer aux Sociétés Nationales pour demander que ces pratiques soient dûment sanctionnées par la législation nationale.

Sous le volet des efforts nationaux produits par la République Centrafricaine, il est important de relever la ratification de certains

---

[42] *Ibid.*

[43] Règle 60 de l'Étude du CICR du Droit International Humanitaire coutumier.

[44] CICR, « La protection des emblèmes de la croix rouge, du croissant rouge et du cristal rouge », *Fiche Technique des services consultatifs du CICR*, décembre 2013.

[45] *Ibid.*

Traités ou Conventions de Droit International Humanitaire, non seulement au niveau international, mais également au niveau régional. En effet, ces instruments juridiques adoptés par le pays sont nécessaires à la protection des soins de santé en danger. Ils méritent donc d'être signalés. Ainsi, constitue un acte à encourager, la ratification de certaines conventions que nous relevons ci-après. Nous avons respectivement la Loi n°12.008 du 10 mai 2012 portant application de la Convention sur l'interdiction de la mise au point, de la fabrication, du stockage et de l'emploi des armes chimiques ainsi que sur leur destruction, adoptée à la Conférence de Genève du 03 septembre 1992, la Loi n°12.004 du 10 mai 2012 autorisant la ratification du Protocole à la Charte des droits de l'homme et des peuples, relatif aux droits de la femme en Afrique, la Loi n°12.004 du 30 mai 2012 autorisant la ratification de la Convention de l'Afrique Centrale pour le contrôle des armes légères et de petits calibres, de leurs munitions et de toutes pièces et composantes pouvant servir à leur fabrication, réparation et assemblage, ouverte à la signature le 30 avril 2010 à Kinshasa (République Démocratique du Congo), la Loi n°11.006 du 19 décembre 2011 autorisant la ratification de la Charte Africaine de la Jeunesse, la Loi autorisant la ratification de l'Accord de coopération judiciaire entre les États membres de la Communauté Économique et Monétaire de l'Afrique Centrale (CEMAC).

Dans le cadre du travail du Ministère de la fonction publique centrafricaine, il est nécessaire de rappeler la Loi n°99.015 modifiant et complétant certaines dispositions de l'Ordonnance n°93.008 du 14 juin 1993, portant statut général de la fonction publique. Cette loi couvre la gestion des emplois permanents de la fonction publique centrafricaine et la carrière de leurs titulaires, instaurant un système de gestion des ressources humaines fondé sur les tâches à accomplir et les résultats à produire. Ce qui est intéressant est qu'elle place sous la responsabilité du Ministre en charge de fonction publique, entre autres organes, le Conseil Médical. Dans les dispositions de ses articles allant de 17 à 20, on trouve la composition, l'organisation et le mode de fonctionnement dudit Conseil. L'essentiel des attributions du Conseil tient à la gestion de la personne et de la carrière du fonctionnaire et n'est, malheureusement pas orienté expressément sur les questions tenant à la protection des soins de santé en général ou en danger en particulier. Le Décret n°00.172, du 10 juillet 2000, fixant les règles d'application de la Loi n°99.016 du 16 juillet 1999, modifiant et complétant certaines dispositions de l'Ordonnance n°93.008 du 14 juin 1993, portant statut général de la fonction publique centrafricaine a le mérite d'être cité puisqu'il revient sur le Conseil Médical Mondial, notamment sur sa composition, son organisation et son mode de fonctionnement tels que définis par la loi ci-dessus évoquée. Nous sommes donc fondés à croire qu'une telle structure est un élément important dans la chaîne des organes chargés de faire respecter le Droit International Humanitaire, notamment en ce qui concerne la protection des soins santé en danger.

Le sujet de l'éthique médicale et de la santé pose également la problématique de la déontologie et du secret médical en Centrafrique. Le DIH est très strict à ce sujet[46]. L'État centrafricain devrait veiller à ce que sa législation n'empêche en aucune façon les membres du personnel de santé d'accomplir leur mission dans le respect du code de déontologie de leur profession. L'indépendance et l'impartialité exigées des fournisseurs de soins de santé sont des principes éthiques universellement reconnus. À ce titre, elles devraient être dûment protégées par la législation nationale. En République Centrafricaine, le problème ne se pose pas de cette manière. L'impartialité a poussé certains membres du personnel de santé des hôpitaux à discriminer dans la prise en charge des blessés des crises militaro-politiques. Les autorités gouvernementales auraient dû prendre des mesures pour faire en sorte que les membres du personnel de santé puissent exercer leur métier sans qu'il soit indûment fait pression sur eux — en particulier pour leur imposer les patients à soigner selon des critères non médicaux — et sans avoir à craindre d'être poursuivis en justice pour avoir dispensé des soins de manière impartiale conformément au code de déontologie de leur profession. Les dernières crises en RCA ont favorisé la tendance contraire aux plus forts moments de celles-ci lorsque des blessés provenant des rangs des Groupes Armés Non-Étatiques se retrouvèrent dans les hôpitaux ou centres de santé.

La confidentialité doit rester le principe fondamental et la règle générale que tout professionnel de santé doit respecter en tout temps.

---

[46] Voir Les travaux de la Conférence diplomatique ayant conduit à l'adoption des Protocoles Additionnels de 1977 aux Quatre Conventions du 12 août 1949.

Les dérogations à cette règle doivent être exceptionnelles et strictement encadrées par la législation nationale. Malheureusement, la législation en République Centrafricaine n'est pas précise sur cette question. La protection du secret médical est dans l'intérêt des blessés et malades ainsi que des membres du personnel de santé. Par conséquent, le secret médical devrait être protégé par la législation nationale, non seulement, en tant que prérogative ou obligation éthique des membres du personnel de santé, mais aussi en tant que droit des patients. Par souci de cohérence et pour renforcer la protection, les droits des patients et la protection des membres du personnel de santé devraient faire l'objet d'une seule et même loi[47].

La divulgation d'informations médicales confidentielles sans l'accord explicite du patient ou en dehors de toute obligation légale constitue aussi une violation de l'éthique professionnelle et devrait, à ce titre, donner lieu à des sanctions administratives ou disciplinaires. De manière générale, les auteurs des violations devraient être passibles, selon leur rôle ou leurs fonctions, de sanctions administratives ou disciplinaires et de sanctions pénales. Tout acte de violence commis contre la fourniture des soins de santé qui constitue une infraction grave aux Conventions de Genève devrait être réprimée comme telle en application des règles de droit pertinentes. Ces règles doivent être incorporées dans la législation nationale, laquelle devrait prévoir aussi bien la responsabilité individuelle du subordonné que celle du supérieur hiérarchique en cas de violation[48].

B. Des insuffisances à combler

Les analyses faites ci-haut montrent bien qu'il est nécessaire de combler les insuffisances de codification observées et d'accroître la prise en charge interinstitutionnelle de la protection des soins de santé en danger dans le pays. Il est donc nécessaire d'améliorer le cadre juridique régissant la protection des blessés et des malades ainsi que des membres du personnel de santé, des structures médicales et des moyens de transport sanitaire, en prenant les

---

[47] CICR, *Des structures médicales plus sûres et mieux préparées aux conflits armés et autres situations d'urgence, op. cit., p.29 et suiv.*
[48] *Ibid.*

mesures législatives ou réglementaires ci-après : une nouvelle loi spécifique garantissant l'accès aux soins, un code d'éthique et de déontologie médicale pour le collège médical, un manuel militaire centré sur le respect du DIH par les éléments des forces armées, un code d'instruction centré sur la protection des blessés par balle à l'intention des éléments des Forces de Sécurité Intérieure (FSI), un accroissement de la prise en charge interinstitutionnelle de la protection des soins de santé en danger[49].

Par ailleurs, dans les conflits armés et autres situations d'urgence, il est essentiel que les fournisseurs de soins de santé coordonnent leurs actions et communiquent régulièrement au sujet des services médicaux disponibles, des problèmes de sécurité et des services ambulanciers, etc. L'accès à des moyens de communication sûrs devrait être garanti en tout temps. Dans certaines situations, le recours aux médias locaux ou aux réseaux sociaux peut être utile pour diffuser des messages-clés auprès des communautés et des autorités locales. Par mesure de sécurité, une politique régissant de manière stricte les interactions avec les médias devrait être mise en place pour garantir le respect de la vie privée des patients en tout temps et encadrer l'usage de tout moyen de communication au public[50].

En complément à leur formation médicale, les membres du personnel de santé devraient recevoir une formation dans les domaines suivants : communication, connaissance des droits et responsabilités qui sont les leurs et de ceux du patient, éthique médicale, gestion du stress et de la sécurité, résolution de problèmes, prise de décisions et rédaction de rapports. La maîtrise de la communication est essentielle en particulier pour les ambulanciers qui sont bien souvent les premiers interlocuteurs des autorités locales, des Forces de Défense et de Sécurité (FDS), des Groupes Armés Non-Étatiques (GANE) et des communautés locales. Dans

---

[49] Alexander Breitegger, « Le cadre juridique applicable à l'insécurité et à la violence touchant les soins de santé dans les conflits armés et autres situations d'urgence », in : *RICR, Violences contre les soins de santé,* vol. 95 Sélection française 2013 / 1 et 2, p. 43-91.

[50] Voir BBC MEDIA ACTION, *Guide à l'intention des médias sur la communication dans les situations d'urgence de santé publique*. [En ligne]. Disponible sur : http://downloads.bbc.co.uk/mediaaction/pdf/communicating-in-public-health-emergencies-french.pdf. Consulté le 25.03.2024.

cette optique, un renforcement de sensibilisation auprès des forces de défense, des Forces de Sécurité Intérieure (FSI), du personnel sanitaire et de la population civile en général, est plus que nécessaire, avec une participation accrue du Conseil de l'Ordre des Médecins en Centrafrique.

IL est nécessaire aussi de procéder à l'acquittement des obligations du pays auprès de l'Association Médicale Mondiale qui est une organisation internationale de médecins regroupant plus de 106 associations médicales nationales. Il est temps de renforcer la participation de la République Centrafricaine auprès du Comité International de Médecine Militaire qui est une organisation intergouvernementale, tout en soutenant la société nationale de la Croix-Rouge (La Croix-Rouge Centrafricaine) de sorte à accroitre la sécurité de ses membres, son acceptation et son accès au théâtre des hostilités. L'un des moyens les plus efficaces pour le personnel et les volontaires du Mouvement de renforcer leur sécurité, de se faire mieux accepter des communautés et d'obtenir un meilleur accès à ceux qui ont besoin d'aide, est par ailleurs, de mettre en œuvre le cadre pour un accès plus sûr. À cet effet, il est indispensable de prendre des mesures visant à mieux la préparer à faire face aux difficultés opérationnelles dans des contextes dominés par l'instabilité et l'insécurité, à réduire les risques pour la sécurité, à en atténuer les effets ainsi qu'à gagner la confiance des communautés locales de manière à se faire accepter.

Accroître la sensibilisation des communautés à l'exemple des plates-formes religieuses, d'associations de femmes ou de jeunes pour les intéresser à jouer un rôle important dans la fourniture des premiers secours est un atout majeur. Ceci est particulièrement vrai lorsque les équipes médicales d'urgence des sociétés nationales de la Croix-Rouge ne peuvent accéder aux personnes qui ont besoin d'une assistance médicale vitale. La Croix-Rouge Centrafricaine (CRCA) devrait, de sa propre initiative ou avec le concours d'autres organisations, renforcer la capacité des communautés à dispenser les soins de base et les premiers secours aux personnes blessées qui se retrouvent isolées pendant un conflit armé ou dans d'autres situations d'urgence.

Il semble logique de mettre en place un cadre légal spécifique définissant les conditions de travail des ONG humanitaires nationales et internationales tout en imposant des mesures de renforcement de leur sécurité, de leur acceptation et de leur accès aux populations.

Par ailleurs, les sanctions, par leurs effets dissuasifs, constituent un moyen efficace de lutte contre les violations des règles protégeant la fourniture des soins de santé. Les autorités nationales centrafricaines devraient tout mettre en œuvre pour faire appliquer les sanctions prévues par la loi de manière à en garantir l'effet dissuasif. Elles devraient renforcer leur surveillance pour faire en sorte que les règles en vigueur soient respectées. Elles gagneraient à veiller à l'indépendance et à l'intégrité du système judiciaire, à la transparence des procédures administratives et à la bonne application des procédures pénales.

Il convient de rappeler que les importants manquements constatés et décrits ci-haut sont essentiellement dus à l'absence d'un manuel militaire centré sur le respect du Droit International Humanitaire en général et sur la protection des soins de santé en danger en particulier et à l'absence d'un code d'éthique médicale y compris pour la protection des soins de santé en danger. Le caractère obsolète de plusieurs textes législatifs et réglementaires existants fait observer certaines carences aussi bien sur le plan institutionnel qu'opérationnel, à savoir l'absence d'une Commission Nationale de Droit International Humanitaire, l'inexistence de programmes d'enseignement du Droit International Humanitaire dans les Établissements de formation sanitaire. Rappelons que les insuffisances portant sur les aspects spécifiques de protection des soins de santé en danger se rapportent à la protection des blessés et des malades qui souffrent de promotion des droits et de responsabilité du personnel de santé.

Concernant la répression des infractions au Droit International Humanitaire relatives aux soins de santé en situation de conflit, il est difficile d'obtenir les copies des décisions de justice, y compris en matière pénale en République Centrafricaine pour deux raisons essentielles. La première tient au fait que le paysage juridique n'a pas l'habitude de disposer de recueils de jurisprudence, conçus et publiés de façon systématique. Ceci constitue une faiblesse qu'il est important de souligner. La seconde raison conduit souvent aux crises militaires et politiques dont l'une des manifestations systématiques est le pillage généralisé des biens aussi bien publics que privés. Cela a entraîné comme conséquence la non disponibilité des archives des juridictions, à l'instar d'ailleurs de la plupart des services de l'État. C'est une situation qui a été bien souvent évoquée en ce qui concerne le Tribunal Militaire Permanent. Toutefois, deux exemples de jurisprudence pénale portant sur les violations des dispositions des Conventions de Genève de 1949, prononcés par la Cour Criminelle de Bangui, permettent de confirmer qu'il y a, certes, une certaine prise en charge de la répression pénale. Mais celle-ci n'est — malheureusement — pas suffisamment relayée. Cela est dû au fait que les copies des décisions ne sont pas systématiquement mises à disposition.

Adopter des lois ou prendre des textes réglementaires pour l'encadrement des obligations en matière de Droit International Humanitaire est une bonne chose. Mais assurer une large diffusion de ces règles en est une autre tout aussi importante que les autres.

Chapitre 2 : Une large diffusion nécessaire du Droit International Humanitaire

La diffusion des conventions et de tout autre traité en matière de Droit International Humanitaire et la formulation de normes incombent aux États aussi bien collectivement qu'individuellement. Prise en compte aussi bien dans un cadre multilatéral que bilatéral, cette obligation conventionnelle revêt une importance capitale. Certains de ces textes contribuent à la constitution des moyens préventifs de mise en œuvre du Droit International Humanitaire dont l'essentiel se résume à la formation et à la diffusion. Ainsi, former au Droit International Humanitaire et diffuser les Conventions y relatives sont des devoirs étatiques inéluctables en vertu des obligations conventionnelles des États Parties. Or, cette obligation essentielle tend pour la plupart des cas à être reléguée au second plan.

Aussi, nous semble-t-il important de rappeler le sens de cette obligation telle que voulue par les Conventions de Genève de 1949 (Section 1) avant de constater les limites d'un système, dues à l'absence d'une politique nationale de diffusion du Droit International Humanitaire en Centrafrique (Section 2).

Section 1 : La notion de diffusion du Droit International Humanitaire

Généralement, les mesures qui portent directement sur la promotion et l'enseignement du Droit International Humanitaire sont relatives à celles qui sont contenues dans les conventions, les protocoles additionnels et les autres traités concernés. Il s'agit par exemple de la répression des violations, de la protection et de la sanction de l'usage abusif ou non autorisé de l'emblème de la Croix-Rouge et du Croissant-Rouge et de la protection des personnes civiles et des biens de caractère civil.

Dans les lignes qui suivent, les analyses vont se concentrer essentiellement sur la compréhension du sens de l'obligation de diffusion du DIH en général (Paragraphe 1) et sur les difficultés liées à l'enseignement du Droit International Humanitaire dans le pays en particulier (Paragraphe 2).

Paragraphe 1 : L'étendue de l'obligation : de la traduction des textes à la formation des acteurs

Sont soumis à la nécessité d'être traduites, non seulement, les quatre Conventions de Genève du 12 août 1949 et leurs deux Protocoles Additionnels de 1977, mais également la Convention de la Haye de 1954 sur la protection des biens culturels pendant les conflits armés et son Protocole de 1999 (A). Les enseignements pédagogiques et les campagnes de sensibilisation complètent également cette exigence (B).

A. La nécessité de la traduction des traités

Comme annoncé ci-dessus, la diffusion et la formation au Droit International Humanitaire sont des questions qui sont traitées à la fois par les quatre Conventions de Genève et leurs deux Protocoles Additionnels, mais également par la Convention de 1954 sur la protection des biens culturels pendant les conflits armés ainsi que son Protocole Additionnel de 1999.

La Première Convention de Genève de 1949 insiste, en effet, sur la nécessité d'une diffusion large aussi bien en temps de paix qu'en temps de guerre, sur l'incorporation de l'étude du DIH dans les programmes d'enseignement aussi bien civils que militaires pour que ces dispositions soient connues de toutes personnes civiles et combattantes[51]. La deuxième Convention de Genève de 1949 reprend les mêmes exigences à l'identique[52]. Naturellement, la troisième Convention de Genève de 1949 qui est consacrée au traitement des prisonniers de guerre plaide pour une bonne connaissance des règles du DIH par ceux-ci. Cela peut être fait à travers, entre autres mesures, les affichages dans les langues accessibles aux prisonniers de guerre. Cet effort de traduction doit concerner tout ce qui a trait aux règlements, aux ordres, aux avertissements relatifs au respect des exigences du Droit International Humanitaire.

Participe également de cet effort, une meilleure connaissance des responsabilités incombant aux commandants militaires dans la

[51] Article 47 de la Convention de Genève I de 1949.
[52] Article 48 de la Convention de Genève II de 1949.

conduite des hostilités[53]. La troisième Convention de Genève insiste aussi, quant à elle, sur les langues accessibles en cas d'internement[54]. La quatrième Convention de Genève de 1949 mentionne l'exigence d'usage de langues accessibles aux internés — civils bien sûr — lorsque ceux-ci sont sous la responsabilité d'une puissance occupante et rappelle le devoir d'affichage des informations en lien avec les droits des internés[55]. Elle rappelle avec insistance le devoir d'instruction en DIH dans les lieux d'internement[56]. Le Protocole Additionnel I de 1977 aux quatre Conventions de Genève de 1949 exige des États qui en sont parties de prendre les mesures d'exécution qui s'imposent quitte à donner des ordres pour le respect de ces dispositions[57]. Elle se veut également plus explicite en invitant lesdits États à une diffusion la plus large de ses dispositions pertinentes[58]. Le Protocole Additionnel II de 1977 aux quatre Conventions de Genève de 1949 ne fait pas non plus abstraction du devoir d'une diffusion large de la part des États Parties[59].

La Convention de La Haye de 1954 sur la protection des biens culturels pendant les conflits armés rappelle aussi aux responsables militaires d'introduire l'instruction du DIH dans les règlements militaires et de veiller à la protection des biens culturels dans les situations de Conflit Armé Non International[60]. Mais plus encore, cette convention revient sur le devoir de diffusion de ses dispositions pertinentes[61]. C'est dans les dispositions de son Protocole de 1999 qu'elle mentionne — avec précision — le devoir de traduction des traités du DIH en général et la question de leur accès à travers l'usage de langues nécessaires pour leur compréhension en particulier[62]. Par ailleurs, les enseignements pédagogiques et les campagnes de sensibilisation offrent un cadre idéal pour la réalisation de ces objectifs.

---

53 Article 41 de la Convention de Genève III de 1949.
54 Article 127 de la Convention de Genève III de 1949.
55 Article 99 de la Convention de Genève IV de 1949.
56 Article 144 de la Convention de Genève IV de 1949.
57 Article 80, al. 2 du Protocole Additionnel I de 1977.
58 Article 83 du Protocole Additionnel I de 1977.
59 Article 19 du Protocole Additionnel II de 1977.
60 Convention de la Haye de 1954 sur la protection des biens culturels, art. 7.
61 *Ibid.*
62 Protocole de 1999 relatif à la Convention de la Haye de 1954, art. 30.

B. Les enseignements pédagogiques et les campagnes de sensibilisation

Rappelons que c'est une obligation qui se présente comme un corollaire à l'engagement des États Parties aux instruments du Droit International Humanitaire à « respecter et faire respecter » les dispositions qui y sont contenues. Ainsi, enseigner le Droit International Humanitaire dans les cadres extra-muraux ou muraux, en occurrence dans les Établissements d'enseignement universitaire, doit être vu aussi bien par les autorités politico-administratives qu'universitaires comme un devoir. C'est dans cette optique que le document de l'ONG *Global Coalition to Protect Education from Attack*, intitulé « Projet de Lignes directrices pour la protection des Écoles et des Universités contre l'utilisation militaire durant les conflits armés » donne une définition qui permet de cerner le concept d'« Écoles et Universités » dans les situations de conflit armé[1].

En effet, pour les promoteurs de ce Projet, le terme « Écoles et Universités » devrait être compris dans un sens large pour désigner les lieux utilisés principalement pour l'éducation quelle que soit la manière dont ils sont appelés dans le contexte local. Il comprend par exemple les centres d'éducation de la petite enfance, les écoles primaires ou secondaires, les centres d'apprentissage et les centres d'enseignement supérieur tels que les universités, les collèges ou écoles de formation technique. Le concept comprend également toute propriété ou tout terrain rattaché aux institutions.

Ne sont cependant pas incluses dans le concept, les institutions dédiées à la formation et à l'éducation du personnel dont les membres sont susceptibles de devenir d'éventuels combattants dans un possible conflit armé à l'exemple des collèges militaires ou d'autres établissements de formation[2].

---

[1] Global Coalition to Protect Education from Attack, *Lignes directrices pour la protection des Écoles et des Universités contre l'utilisation militaire durant les conflits armés,* Mars 2014. [En ligne]. Disponible sur :
https://protectingeducation.org/wp-content/uploads/documents/documents_guidelines_fr.pdf.
Consulté le 21 mars 2024.

[2] *Global Coalition to Protect Education from Attack (GCPEA)* est créée en 2010 par des organisations internationales telles que le *Council for Assisting Refugee*

Traduire les textes et former au DIH est, comme nous venons de l'analyser, une évidence si tant on voudrait que le DIH soit vraiment mis en œuvre sur le plan national. Mais il est aussi important que les textes du DIH soient traduits dans les langues nationales et que ces traductions soient portées à la connaissance des autres États Parties contractantes et qu'elles requièrent leur confiance. Comme l'affirme Yves Sandoz : « (...) le Droit International Humanitaire s'applique en temps de guerre ; il est donc essentiel que les devoirs et obligations qu'il impose, soient parfaitement clairs pour tout le monde et ne laissent pas la place à des malentendus qui pourraient créer la méfiance ou conduire à des violations commises par ignorance, avec toutes les conséquences négatives que cela pourrait avoir »[1].

D'autres corollaires à cette exigence de diffusion et de formation méritent d'être rappelés, car ils en appellent forcément d'autres. Il s'agit premièrement de la formation des forces armées. Celles-ci sont les premières concernées puisque le DIH — en tant que *lex specialis* — s'applique essentiellement lors des conflits armés et surtout que l'attitude des combattants est déterminante de ce point de vue, qu'ils soient subordonnés ou hiérarchiques. En plus et deuxièmement, ces derniers sont responsables des premiers en termes d'instructions pour le respect du DIH ainsi que de leur formation. Cela est aussi vrai dans un contexte où les rôles des pilotes d'avions, des artilleurs ou encore des manipulateurs des missiles interpellent sur les limites des bombardements aujourd'hui. Il en va d'ailleurs de la responsabilité pénale des supérieurs hiérarchiques pour les infractions commises par leurs subordonnés et sur leurs ordres. Par ailleurs, il est important de rappeler le rôle de la présence des conseillers juridiques dans les forces armées qui consiste à ce que ceux-ci puissent conseiller les commandants militaires dans l'application des règles du DIH. Troisièmement, même si la formation des Forces de Police dépasse le cadre du DIH, il faut tenir compte de ce que les limites ne sont toujours pas

---

Academics, Education Above All, Human Rights Watch, Institute of International Education, Save the Children International, UNESCO, UNHCR et UNICEF.

[1] Yves Sandoz, *Les Moyens de mise en œuvre du droit international humanitaire État des lieux, analyse des problèmes et éléments de réflexion*, Genève, juin 2005, p.13 et suiv.

clairement observables entre les situations de troubles intérieurs et les Conflits Armés Non Internationaux. Il en va de la connaissance et de la compréhension des différents régimes juridiques applicables dans l'un ou l'autre de ces cas. Quatrièmement, on aura de cesse de rappeler l'importance de la formation scolaire et universitaire — pas seulement dans les établissements d'enseignement des sciences juridiques et politiques, mais également dans d'autres facultés — y compris dans les niveaux primaire et secondaire. Cinquièmement, la sensibilisation de la population est indispensable et peut se faire à travers des conférences publiques dans des milieux fermés ou ouverts. De ce point de vue, les médias tant publics que privés ont un rôle non négligeable à jouer.

Enfin, on ne peut oublier la sensibilisation du monde politique car, même si « on ne fait pas revenir les ministres à l'école » selon Yves Sandoz que nous avons déjà cité plus haut, les appuis multiformes des autorités politiques — ministres, parlementaires, hauts cadres de l'Administration — ne peuvent être déterminants que si tout ce monde est bien imprégné de la question[1].

Paragraphe 2 : Les titulaires de l'obligation de diffusion

Il s'agit à la fois de l'État et des Groupes Armés Non-Étatiques, premiers protagonistes (A) et du CICR et de bien d'autres acteurs ou organismes nationaux ou internationaux (B).

A. L'État et les Groupes Armés Non-Étatiques : premiers responsables

La connaissance des règles du DIH est une obligation clairement inscrite dans les quatre Conventions de Genève du 12 août 1949[2] et les Protocoles Additionnels de 1977[3]. En plus et dans cette même optique, la Convention de La Haye de 1954 pour la protection des biens culturels en cas de conflit armé[4] requiert des autorités

---

[1] Yves Sandoz, *op. cit.*

[2] Les articles 47/48/127/144 respectifs des Quatre Convention de Genève du 12 août 1949.

[3] Protocole Additionnel I, article 83 et le Protocole Additionnel II, article 19.

[4] Convention de la Haye de 1954, Protocole II de 1999, Article 25.

militaires et civiles responsables de son application plus de connaissance du texte. Dans le même sens, la Convention de 1980 sur certaines armes classiques exige que les États incorporent son étude dans les programmes d'instruction militaire[1]. Son deuxième Protocole amendé précise que chaque État doit exiger que ses forces armées établissent et fassent connaître les instructions et les modes opératoires voulus et que chaque militaire reçoive une formation adaptée à ses devoirs et responsabilités[2]. Son quatrième Protocole prévoit également l'obligation d'instruire les forces armées[3]. Enfin, la Convention relative aux droits de l'enfant[4] et son Protocole facultatif de 2000 concernant l'implication d'enfants dans les conflits armés[5] y attache un prix particulier.

Par ailleurs, rappelons que les normes du Droit International Humanitaire sont des normes de caractère contraignant aussi pour les Groupes Armés Non-Étatiques. Cela, pour une simple raison parmi tant d'autres : ils exercent, pour la plupart du temps, des fonctions gouvernementales *de facto*. C'est ce qu'affirme Jean Pictet dans le Commentaire de la quatrième Convention de Genève du 12 août 1949 en ces termes : « Pour peu que l'autorité responsable qui est à leur tête exerce une souveraineté effective, sa prétention même de représenter le pays, ou même une partie de celui-ci, la lie »[6]. Ne dit-on pas que les normes du DIH sont des normes *erga omnes* ? C'est en conséquence de cela que tous les États ont un « intérêt juridique » à exiger le respect du DIH. Cet intérêt a été rappelé et confirmé par le Tribunal Pénal International pour l'Ex-Yougoslavie dans les *Affaires Furundzija* en 1998 et *Kupreskic et consort* en 2000[7]. Les États le font bien depuis les deux ou trois dernières décennies à travers les « protestations diplomatiques » ou les « mesures collectives » grâce aux résolutions adoptées dans le cadre

---

[1] Convention de 1980 sur les armes classiques, article 6.

[2] Convention de 1980 sur les armes classiques, article 14.

[3] Convention de 1980 sur les armes classiques, article 2.

[4] Convention de 1980 sur les armes classiques, article 42.

[5] Convention de 1980 sur les armes classiques, article 6.

[6] Jean Pictet (sous la dir. de), *Commentaire de la Convention de Genève du 12 août 1949 relative à la protection des personnes civiles en temps de guerre,* Genève, CICR, 1956, p. 42.

[7] TPIY, *Affaires Le Procureur c. Anio Furundzija, Le Procureur c. Zoran Kupreskic et consorts*, jugement, La Haye, 10 décembre 1998.

des Nations Unies ou d'organisations régionales. Ils peuvent ainsi critiquer et faire cesser des violations dénoncées des règles du Droit International Humanitaire. Cependant, ils devraient aussi aller plus loin, en adoptant une compétence pénale universelle pour les infractions les plus graves[1].

Le DIH ne fait aucune abstraction quant aux acteurs responsables du devoir de respecter les règles pertinentes dudit droit, et ce, même en ce qui concerne les Conflits Armés Non Internationaux. Toutes les parties y sont tenues, qu'il s'agisse des États ou non. En ce qui concerne les États, ceux-ci sont liés de manière explicite aux traités auxquels ils sont des parties prenantes en vertu de la Convention de Vienne de 1969. En matière des règles de DIH, ils y sont d'ailleurs tenus de deux manières à savoir en créant les conditions nécessaires pour leur respect et en prenant les mesures qui s'imposent pour les faire respecter par d'autres États ou d'autres acteurs. C'est ce que prévoient, non seulement, le Droit International Humanitaire coutumier, mais aussi les dispositions de l'article Premier commun aux quatre Conventions de Genève du 12 août 1949. En effet, cet article impose aux États Parties l'obligation de s'engager, en toutes circonstances, non seulement à « respecter », mais aussi à « faire respecter » le DIH. La situation est aisément compréhensible lorsqu'il s'agit des États car ils ont formellement ratifié les divers traités internationaux ou y sont devenus parties.

Or, il semble bien souvent difficile à des groupes armés protagonistes dans un Conflit Armé Non International de comprendre qu'ils ont, eux aussi, l'obligation de se conformer à l'article 3 commun aux quatre Conventions de Genève du 12 août 1949, au Protocole Additionnel II de 1977 et aux différentes règles du Droit International Humanitaire coutumier. En effet, cette obligation à double facette ne concerne pas que les États, car même les groupes armés, en plus de devoir « respecter » le Droit International Humanitaire, doivent le faire respecter par les autres personnes ou groupes qui agissent, en fait, sur leurs instructions, sous leurs directives ou sous leur contrôle. Il existe également des exigences à l'égard des États, même lorsqu'ils ne sont pas

[1] Jean-Marie Henckaerts, « Étude sur le droit international humanitaire coutumier. Une contribution à la compréhension et au respect du droit des conflits armés », *RICR* vol. 87 Sélection française 2005, p. 289-314.

directement liés audit conflit[1]. Et le CICR de rappeler à plusieurs reprises à travers ses commentaires des Conventions de Genève de 1949 que cette obligation de « respecter » et de « faire respecter » les règles du DIH ne se limite pas aux mesures que doivent prendre les États en tant que parties aux conflits. Elle s'étend aussi à toutes les possibilités données à ceux-ci de veiller à ce que le DIH soit respecté universellement[2]. Cet appel a été aussi réitéré par le Conseil de sécurité des Nations Unies[3].

En effet, les États non Parties à un conflit armé sont tenus à plusieurs devoirs liés à ladite obligation. Ils doivent par exemple s'abstenir d'encourager une des parties au conflit à violer les règles du DIH ou de prendre des dispositions favorisant ces violations. Ils doivent s'efforcer, à travers des moyens d'action positifs pris dans un cadre multilatéral ou collectif, de mettre la pression sur les États ou les groupes armés peu ou pas vertueux.

La nuance à relever est que ce volet de l'obligation conventionnelle en appelle indubitablement à une « obligation de moyen » et non de « résultat » car il ne s'agit que de prendre toutes les mesures appropriées possibles pour tenter d'empêcher les violations du Droit International Humanitaire ou de les faire cesser.

Nombreuses sont les sources conventionnelles, résolutoires ou doctrinaires qui font référence à cette exigence même si dans la pratique, il n'est pas aisé de connaître des cas précis et concrets où des groupes armés seraient à l'origine de la diffusion du Droit International Humanitaire auprès des populations sous leur contrôle. En réalité, ces groupes sont plutôt favorables à autoriser le CICR à le faire dans les zones qu'ils occupent[4]. Le sens et le contenu de cette obligation avaient fait l'objet d'abord d'une exigence des Conventions de Genève de 1906 et de 1929 qui recommandaient aux

[1] CICR, *Mieux faire respecter le Droit International Humanitaire dans les Conflits Armés Non Internationaux*, CICR, février 2008, p. 7.

[2] Jean Pictet, *Les conventions de Genève du 12 août 1949-Commentaire III : La Convention de Genève relative au traitement des prisonniers de guerre*, CICR, Genève, 1958, p. 24.

[3] Conseil de sécurité des Nations Unies, *Résolution 681 (1990)*.

[4] Yves Sandoz, Christophe Swinarski et Bruno Zimmerman, *Commentaire des Protocoles additionnels*, CICR, Genève, 1986, paragraphe 4909.

États de « prendre les mesures nécessaires pour porter les Conventions à la connaissance des populations »[1].

La République Centrafricaine, en vertu de sa responsabilité en tant qu'État Partie à la plupart des conventions et traités relatifs au Droit International Humanitaire, se doit de penser l'enseignement de cette matière de la manière la plus large possible. Au moins deux raisons principales justifient cela : d'abord, le pays est en proie à de multiples conflits armés internes depuis plusieurs décennies et l'enseignement du Droit International Humanitaire à tous les niveaux du système d'éducation devrait permettre aux différents acteurs et parties prenantes à un conflit de se munir des connaissances relatives à leurs devoirs pendant les hostilités.

Enfin, en tant qu'État partie à ces conventions et traités, l'enseignement du Droit International Humanitaire lui incombe comme obligation conventionnelle. Toutefois, un appui du CICR dans ce domaine est devenu capital. Les autres organisations humanitaires devraient également lui emboiter les pas dans un élan de complémentarité constructive.

B. Le CICR et les autres organisations : une nécessaire complémentarité

À titre de rappel, le droit d'initiative, qu'il soit conventionnel ou extra-conventionnel, permet depuis fort longtemps au CICR ou à tout autre organisme humanitaire impartial de porter secours aux victimes des conflits armés et à toute personne qui souffre. Ils peuvent le faire avec ou sans le consentement des États souverains — ce qui explique la nécessité du devoir d'ingérence[2] —. Mais dans la pratique aujourd'hui, c'est plutôt avec le consentement des États concernés que cela se fait puisqu'il paraît être la condition de l'efficacité réelle de ces types d'actions. Il en est ainsi lorsque l'on prend en considération les principes qui guident les activités du CICR à savoir la neutralité, l'indépendance et l'impartialité pour ne citer que ceux-là. Ainsi, sont mises en valeur les toutes premières,

---

[1] Voir la Convention de Genève de 1906, art. 26 et la Convention de Genève de 1909, art. 29.

[2] Mario Betati, « ONU et action humanitaire », *Politique étrangère*, n°3-1993, 58eannée, p. 641-658.

voire les plus vieilles résolutions sur la question : les résolutions 43/131 et 45/100 adoptées les 8 décembre 1988 et 14 décembre 1990 par l'Assemblée Générale des Nations Unies. Celles-ci sont relatives à « l'assistance aux victimes de catastrophes naturelles et autres situations d'urgence du même ordre ». Elles recommandent l'étude de la mise en place de corridors humanitaires pour favoriser l'accès aux victimes. Ces résolutions ont permis d'élargir le champ d'application du Droit International Humanitaire qui a d'abord concerné exclusivement les combattants avant de s'étendre aux non-combattants, aux populations civiles, aussi bien dans les situations de conflits armés que dans d'autres situations d'urgence et de détresse « en dehors » de tout conflit armé[1].

Le rôle du CICR qui consiste à appeler ou à attirer l'attention de l'opinion publique sur des cas flagrants de violations graves participe également de son devoir à encourager le respect du Droit International Humanitaire. En effet, le CICR se charge toujours d'informer formellement toutes les parties que sont les États et les groupes armés et de les aviser de la qualification juridique de la situation qui prévaut. C'est alors qu'il leur rappelle les règles applicables qui constituent leurs obligations au regard du Droit International Humanitaire. Il fait souvent cette communication au moyen d'une lettre ou d'un *mémorandum* qu'il soumet directement aux parties à un conflit, d'une manière bilatérale et confidentielle. Le cas échéant, lorsqu'il n'est pas possible d'établir un contact avec une ou plusieurs parties au conflit, le contact peut être instauré par le biais d'un communiqué de presse. Cette communication du CICR peut intervenir soit au début d'un conflit soit durant celui-ci. Cette démarche permet d'engager un dialogue qui incite au respect du droit, communication sans laquelle, il serait beaucoup plus difficile d'invoquer par la suite des règles protectrices spécifiques, une fois que les violations auront été commises[2].

Comme tant d'autres États, en pratique, l'État centrafricain peut se faire aider en encourageant, de quelque manière que ce soit, « les organisateurs des cours de Droit International Humanitaire (...), en

[1] Dominique Turpin, « ONU, CICR, et Droit International Humanitaire », *Revue Québécoise de Droit International*, volume 8-1, 1993. p. 78-87.
[2] CICR, *Mieux faire respecter le Droit International Humanitaire dans les Conflits Armés Non Internationaux*, *op.cit.* p. 10 et suiv.

fournissant des fonds à des organisations telles que la Croix-Rouge Centrafricaine (CRCA) puisque, sous d'autres cieux, ces sociétés nationales « diffusent et aident leur gouvernement à diffuser le Droit International Humanitaire »[1].

Section 2 : Les pratiques centrafricaines en matière de diffusion du Droit International Humanitaire

La pratique centrafricaine dans le domaine est malheureusement marquée par des limites constatées quant à l'enseignement du Droit International Humanitaire dans les Établissements d'enseignement supérieur — public et privé — ainsi qu'auprès de la population civile (Paragraphe 1). Ces limites sont constatées également au sujet de la diffusion du Droit International Humanitaire au sein des forces armées en plus d'une négligence observée quant au rôle des conseillers juridiques au sein desdites forces (Paragraphe 2).

Paragraphe 1 : Les limites des pratiques nationales

Les limites concernent tout autant l'enseignement universitaire (A) que la diffusion auprès de la population civile (B).

A. Les limites de l'enseignement dans les Établissements universitaires

Il est difficile de s'assurer de l'effectivité de la diffusion du Droit International Humanitaire à travers son enseignement dans les écoles et universités en République Centrafricaine. De notre avis, la raison est simple : le pays est confronté à la résurgence des violences politiques et militaires depuis plusieurs décennies. Il est donc aisé, malheureusement, de constater que l'enseignement et la recherche dans le domaine du DIH sont très limités en Centrafrique et qu'il y a lieu de créer des conditions nécessaires au développement d'une telle entreprise. S'il en est ainsi, c'est — toujours de notre humble avis — parce que dans la pratique, le DIH est une discipline qui a commencé à être enseignée timidement à la Faculté des Sciences Juridique et Politique avant de s'étendre, progressivement, à

[1] Jean-Marie Henckaerts et Louise Doswald-Beck, *op.cit.,* p. 490 et suiv.

quelques autres Établissements privés du pays. La Faculté des Sciences juridique et politique, à l'origine, appelée Faculté de Droit et des Sciences Économiques, est le bastion de l'enseignement du Droit International Humanitaire à l'Université de Bangui voire en République Centrafricaine. L'enseignement de cette discipline a été introduit d'abord en troisième année de Licence en Droit Public comme une matière secondaire vers la fin des années 1990. En tant que telle, elle ne bénéficiait que d'un volume horaire de 37 heures et demie et était évaluée à l'oral après avoir validé à l'écrit d'autres matières dites fondamentales. Ainsi, seuls les étudiants ayant opté pour la Licence en Droit Public, et qui, après avoir obtenu leur Diplôme d'Études Universitaires Générales 1 et 2, pouvaient étudier cette matière. Très mal connue à l'époque et moins prise en importance comme matière, le DIH voyait son contenu, tel qu'il était dispensé, se résumer, pour l'essentiel, à la connaissance des éléments fondamentaux ou introductifs du Droit International Humanitaire. Toutefois, le mérite était d'avoir intégré cette discipline et de lui donner progressivement son envol au sein de la Faculté.

À partir de l'année universitaire 2008-2009, l'arrimage des enseignements à l'Université de Bangui en général et à la Faculté des Sciences Juridique et Politique, en particulier, au système Licence-Master-Doctorat (LMD), a permis, dans la réorganisation des programmes d'enseignement au sein de ladite Faculté, d'étendre l'enseignement de la discipline, des Départements de Droit Public et Privé à ceux de la Science Politique et de la Gestion et Prévention des conflits, pour les formations en Licence et en Master.

On peut remarquer que le caractère limité de l'enseignement du Droit International Humanitaire est avant tout présent au sein de la Faculté des Sciences Juridique et Politique où d'autres programmes de formation, notamment, aux premier et second cycles de droit et de la science politique ne prennent pas en compte cette discipline, de telle sorte qu'après n'avoir reçu que quelques bribes de connaissances non poussées en Licence, les étudiants soient obligés de poursuivre d'éventuelles études de troisième cycle à l'extérieur du pays pour apprendre en profondeur cette matière. Pour ce faire, il fallait obtenir une bourse d'études universitaires ou avoir les moyens de financer soi-même ses études à l'extérieur du pays. En dehors de la Faculté des Sciences Juridique et Politique, nous n'avons pas de connaissance d'un véritable enseignement du Droit International Humanitaire dans les autres Facultés et Instituts supérieurs de l'Université de Bangui car s'il en est le cas, ce ne pourrait être que de manière très timide.

Du côté des Établissements d'enseignement supérieur privés, nous pouvons noter que la Faculté Privée de Droit, dénommée « Walombé », à Bangui, fait figure de l'unique Établissement d'enseignement privé qui a introduit dès sa création l'enseignement de ladite matière dans ses programmes d'enseignement. Elle est suivie depuis peu par d'autres Instituts privés à l'exemple de l'Institut Supérieur de Management (ISM). Depuis sa création dès le début des années 2000, la Faculté Privée de Droit « Walombé » — en tant que l'un des plus vieux établissements d'enseignement privé de Bangui — est un établissement qui offre des formations uniquement en sciences juridiques. Elle a toujours veillé à dispenser le cours Droit International Humanitaire à ses étudiants. En suivant les pas de la Faculté des Sciences Juridique et Politique de l'Université de Bangui, cette matière a été instaurée uniquement en troisième année de Licence. Signalons que la formation dispensée dans cet Établissement d'enseignement privé ne se limite qu'en troisième année de droit, offrant ainsi un diplôme de Licence en droit général. Comme nous l'avons annoncé ci-haut, les principaux établissements universitaires privés tels que « Walombé » ou l'Institut Supérieur de Management et New Tech Institut, pour ne citer que ceux-là, ont progressivement introduit dans leurs *curricula* l'enseignement du Droit International Humanitaire même si d'autres Établissements plus anciens comme la Haute École de Gestion et de Comptabilité hésitent à le faire.

Les raisons d'un tel désintéressement de l'enseignement d'une discipline aussi importante que les autres matières classiques du Droit comme le Droit des Obligations, le Droit des Affaires, le Droit Commercial, etc., pourraient se trouver dans le fait que ces Établissements ont, pour la plupart, vocation à donner beaucoup plus de formation en matière de gestion, de comptabilité, de banque et des finances et ne trouvent malheureusement pas d'intérêt auprès de la discipline du Droit International Humanitaire.

Ainsi, l'état de la recherche en matière de Droit International Humanitaire en Centrafrique se résume en deux points essentiels. *Primo,* en dehors des mémoires de Master, produits par les universitaires ressortissants de la République Centrafricaine dans le cadre de leurs études au sein des universités étrangères, on note depuis quelques années, la production de mémoires de fin cycle au sein de la Faculté des Sciences Juridique et Politique. Ceux-ci sont de plus en plus consacrés aux sujets qui portent sur des thématiques du Droit International Humanitaire.

Secundo, sur le plan de la recherche, on ne peut faire l'économie de contributions majeures de certains Enseignants de la Faculté des Sciences Juridique et Politique à l'étude sur Droit International Humanitaire coutumier, commanditée par la Délégation du CICR à Bangui. Il s'agit de Madame Danièle Darlan, Professeur en droit, en 2011 et de Monsieur Guy-Eugène Demba, Maître de Conférences en droit, en 2019 pour le compte du Comité International de la Croix-Rouge. Par ailleurs, une mention particulière mérite d'être faite aux publications de certains Enseignants-chercheurs de cette Faculté, portant également sur différentes thématiques du Droit International Humanitaire.

Mais, face à une telle insuffisance de développement de l'enseignement du Droit International Humanitaire dans les Universités et Instituts en Centrafrique, que pourrait-on proposer en termes de perspectives ?

Les perspectives d'un possible développement réel de l'enseignement du Droit International Humanitaire en République Centrafricaine passent, selon notre entendement, par la satisfaction de certaines conditions que nous expliquons ci-après. Pour le développement de l'enseignement du Droit International Humanitaire aussi bien à l'Université de Bangui que dans les Établissements privés, nous proposons deux axes de réflexion que nous exposons dans les paragraphes qui suivent. Le premier est que l'arrimage de toute l'Université de Bangui au système LMD devrait offrir une grande opportunité pour l'enseignement du Droit International Humanitaire, non seulement au sein de la Faculté des Sciences Juridique et Politique, mais également dans certaines Facultés ou Instituts en raison de leur mission. Il s'agit par exemple de la Faculté des Sciences Économiques et de Gestion, de l'Institut de Gestion des Entreprises, de la Faculté des Lettres et des Sciences Humaines, de la Faculté de Médecine et de la Faculté des Sciences de la Santé pour ne citer brièvement que ces Établissements. En effet, le système Licence-Master-Doctorat (LMD) devrait offrir la possibilité aux étudiants de différents Départements relevant également d'autres Facultés de pouvoir partager en tronc commun des enseignements dont ils peuvent bénéficier des crédits. La Faculté de Sciences Juridique et Politique peut donner cette possibilité en partageant l'enseignement du Droit International Humanitaire à d'autres étudiants ne relevant pas exclusivement de son propre effectif. Cela peut constituer un excellent moyen de diffusion de la matière dans les formations universitaires offertes à l'Université de Bangui.

Étant donné que les Établissements privés sont créés sous la surveillance et la tutelle de cette dernière (l'Université de Bangui), une priorité devrait être donnée à l'inscription de l'enseignement du Droit International Humanitaire dans les projets de programmes d'enseignement soumis à son approbation technique par les promoteurs des Établissements privés avant la délivrance à leur endroit d'un agrément par le Ministre de l'Enseignement supérieur.

Le second point est que pour qu'un système de recherche académique puisse fonctionner au sein d'une Université et contribuer au développement de la science et du savoir, il est important qu'il y ait des structures, des subventions et des équipes de recherche dédiées à cette cause. Il est donc important qu'au sein de la cette Faculté, soit créé — à court ou à moyen terme — un centre de recherche en Droit International Humanitaire et Action Humanitaire et en Droit International des Droits de l'Homme pour répondre, non seulement, aux besoins des universitaires et du public désireux de se former dans le domaine, mais également pour proposer des réponses aux problématiques de l'heure, relatives aux multiples et incessantes violences politiques et armées dans une perspective de transformation, en vue d'aboutir, grâce à un véritable processus de reconstruction post-conflit, à une paix durable.

Par ailleurs, l'argent étant le nerf de la guerre, une recherche scientifique ou alors tout un système de recherche scientifique ne peut produire des résultats utiles à la société que s'il y a une subvention conséquente pour accompagner les chercheurs. De ce point de vue, une attention particulière du gouvernement centrafricain est nécessaire en vertu de l'obligation de diffusion du DIH incombant à l'État. Un appui institutionnel substantiel de la part des partenaires tels que le CICR d'autres organismes du genre, au bénéfice de l'action humanitaire, s'avère indispensable.

En outre, l'incorporation de l'étude du Droit International Humanitaire dans les programmes d'instruction militaire constitue la mesure de base prévue par les Traités pour mieux le faire connaître aux membres des forces armées, inévitables responsables de son application. L'obligation de l'État de faire enseigner le Droit International Humanitaire aux membres des forces armées s'applique aussi bien en temps de paix qu'en temps de conflit armé. Dans ce sens, c'est le lieu de faire remarquer qu'en République Centrafricaine, le Décret n°17.392 du 18 novembre 2017, portant organisation et fonctionnement de l'État-major des Armées en Centrafrique a prévu la création des écoles et des centres de formation en tant qu'organisme placé sous l'autorité du sous-chef d'état-major chargé de la planification. Tel est le cas pour la formation des recrues dans les Écoles de la Gendarmerie Nationale et de la Police Nationale ainsi que ou dans toutes autres structures de formation militaire. La pratique montre qu'il n'est pas nécessaire que tous les membres des forces armées soient parfaitement informés du moindre détail du Droit International Humanitaire. Mais il est indispensable qu'ils en connaissent les règles essentielles qui sont pertinentes au regard de leurs fonctions. En effet, cette règle consiste surtout à l'instruction du Droit International Humanitaire dans les États à leurs forces armées. C'est dans ce sens que la règle insiste sur le devoir de dispenser une telle formation ou sur l'engagement de ces États de le faire. Or pour être effectifs, les programmes d'instruction militaire, conçus avec l'appui des Universitaires, devraient inclure l'adoption de directives sur l'enseignement du Droit International Humanitaire.

L'introduction de ces règles dans les manuels, la référence à celles-ci à l'occasion des manœuvres et exercices militaires ainsi que leur inscription dans les règles d'engagement des membres des forces armées sont autant d'efforts à fournir par les États, et ce, notamment, par l'État centrafricain.

En outre, les États qui fournissent des troupes aux Opérations de Maintien de la Paix (OMP) des Nations Unies ou sous son égide devraient s'assurer que les éléments formant les différents contingents de ces forces multinationales soient instruits en Droit International Humanitaire. Force est, malheureusement, de constater qu'en RCA, certains éléments des contingents des Casques bleus de la MINUSCA ont bien souvent été cités pour avoir peu ou pas respecté les règles Du Droit International Humanitaire dans l'exécution de leur noble mission. C'est également le lieu de rappeler que les Universitaires devraient être sollicités pour leur contribution à la compréhension et à la formation au regard de ces phénomènes. Qu'en est-il de la diffusion auprès de la population ?

B. Les limites de la diffusion auprès de la population

La diffusion est une obligation mise en avant dès l'adoption des Conventions de Genève de 1906 et de 1929 à l'égard des États pour que ceux-ci prennent toutes les mesures nécessaires pour porter les conventions à la connaissance des populations. Les Conventions de Genève ainsi que la Convention de La Haye sur la protection des biens culturels pendant les conflits armés imposent aux États d'intégrer « si possible » l'étude du DIH au programme d'instruction civile. Le PA I aux quatre Conventions de Genève du 12 août 1949 insiste sur le devoir des États de diffuser le Droit International Humanitaire le plus largement possible, y compris à l'égard de la population civile.

Le Comité International de la Croix Rouge ou les Sociétés nationales de la Croix-Rouge ont aussi pour vocation d'aider les États dans leurs tâches de diffusion en leur fournissant l'aide dont ils ont besoin. Ceci y va de leur pouvoir d'initiative. Ce rôle est également dévolu aux Commissions Nationales de Droit International Humanitaire dont les tâches comprennent, entre autres, la diffusion et la promotion du Droit International Humanitaire.

De plus en plus d'institutions universitaires dans le monde ont pris le soin, ces derniers temps, de proposer des programmes de cours de Droit International Humanitaire. Par ailleurs, certaines organisations comme le Conseil de Sécurité de l'Organisation des Nations Unies, l'Assemblée Générale des Nations, le Conseil de l'Europe et l'Organisation de l'Unité Africaine, etc. n'ont pas manqué de rappeler aux États membres de leurs organisations respectives de diffuser le Droit International Humanitaire ou de les encourager à l'enseignement de la population civile. Plusieurs résolutions, par consensus, ont été adoptées par la Conférence Internationale de la Croix-Rouge et du Croissant-Rouge, demandant aux États d'encourager l'enseignement du Droit International Humanitaire à la population civile. Ainsi, par exemple, on note en

1993 que la Conférence Internationale pour la protection des victimes a demandé aux États de procéder systématiquement à la diffusion du Droit International Humanitaire à travers l'enseignement de ses règles à la population en général. C'est ainsi qu'à partir de l'année 1999, nombreux sont les États qui, sans une pratique officielle contraire, se sont engagés à l'issue de la XXVIIème Conférence Internationale de la Croix-Rouge et du Croissant-Rouge à procéder à une revue des programmes d'éducation et de formation pour y introduire le Droit International Humanitaire ou en renforçant la diffusion au sein de la population civile[1].

En République Centrafricaine, force est de constater que très mince est la proportion de la population qui, à travers les leaders d'organisations de défense des droits de l'homme ou à travers les médias et les émissions radiodiffusées, ont accès à des informations relatives au Droit International Humanitaire et aux exigences de son respect. La lutte contre l'impunité, qui est venue s'imposer à l'opinion publique nationale à cause des conflits armés à répétition dans le pays, a bien fait d'attirer l'attention sur cette question. Il faut dire que l'avènement de la Cour Pénale Internationale, dès l'entrée en vigueur en 2002 de son statut adopté à Rome en 1998, y a été pour beaucoup.

À cela s'ajoute, sans doute, le travail que fait le Comité International Croix-Rouge sur le terrain aussi bien à Bangui que dans les provinces du pays. De tels efforts, aussi louables que soient-ils, sont loin de répondre aux obligations conventionnelles qui incombent à la République Centrafricaine en sa qualité de partie signataire desdites conventions. Il est temps pour ce pays, qui cherche vainement à se défaire des crises militaro-politiques, de s'engager sur la voie de la vulgarisation du Droit International Humanitaire sur l'ensemble de son territoire.

---

[1] Lire « Le suivi de la XXVIIème Conférence internationale de la Croix-Rouge et du Croissant-Rouge », 31 octobre-6 novembre 1999, Genève (Suisse), in : *RICR*, mars 2002, vol.84, n°845.

Paragraphe 2 : L'insuffisance de la formation au sein des Forces Armées Centrafricaines et la négligence du rôle des conseillers juridiques

L'insuffisance de la formation des membres des forces armées (A) est doublée du peu de considération à l'égard du rôle important des conseillers juridiques (B).

A. L'insuffisance de la formation des membres des Forces Armées Centrafricaines

La diffusion du Droit International Humanitaire au sein des forces armées est un principe affirmé, voire réaffirmé dans les quatre Conventions de Genève de 1949 et dans les dispositions de leurs deux Protocoles Additionnels de 1977. Il y a lieu de préciser qu'en évoquant l'insuffisance de la formation des membres des Forces Armées Centrafricaines (FACA), nous faisons allusion, de la manière la plus large, à tous les éléments des forces de défense et de sécurité que sont les gendarmes et les policiers. On n'oubliera pas que les membres des Groupes Armés Non-Étatiques doivent également répondre de cette obligation.

La promotion du DIH au sein des forces armées en Centrafrique est une chose réelle, mais pour une large part, insuffisante. Dans ce pays, l'action de promotion des règles du DIH s'est faite jusqu'à une période relativement récente, à travers deux canaux essentiels. En premier lieu vient le canal classique des programmes de travail du commandement militaire qui organise des enseignements du DIH à l'intention des nouvelles recrues au sein des Forces Armées Centrafricaines, notamment à l'ESFOA, mais aussi à leur entrée dans la Gendarmerie Nationale et la Police Nationale avec l'appui du CICR. Secondairement, il y a le canal des interventions diverses, venant de la part des organismes internationaux comme la MINUSCA, l'EUTM ou l'OCHA pour ne citer que ces exemples. En effet, ces derniers offrent des formations spontanées aux éléments des FACA ou des Groupes Armés Non-Étatiques[1].

---

[1] Haut-Commissariat des Nations Unies aux Réfugiés, *Rapport de séminaire de formation à l'intention des éléments de la gendarmerie nationale, des Forces*

Ainsi, on peut remarquer par exemple l'existence d'un fascicule qui a été rédigé par le Comité de Suivi du Droit International Humanitaire aux fins d'enseignement dans les Écoles de formation militaire avec la collaboration de la Délégation du Comité International de la Croix-Rouge à Bangui. Ce document comporte trois chapitres consacrés respectivement aux généralités sur le mouvement international de la Croix-Rouge et du Croissant-Rouge : notions de base et comportement du soldat au combat. En plus, il comporte, en annexe, les exercices d'illustration de l'enseignement du Droit International Humanitaire.

De manière générale, les Conventions de Genève du 12 août 1949 et leurs deux Protocoles Additionnels de 1977 mettent un accent particulier sur la formation des forces armées au Droit International Humanitaire. Dans cette optique, les États liés à ces instruments se sont engagés « à en incorporer l'étude dans les programmes d'instruction militaire »[1]. Pour rappels, c'est sous le poids des dénonciations de plus en plus croissantes des violations du Droit International Humanitaire par le Comité International de la Croix-Rouge ainsi que par d'autres institutions comme l'Institut International de Droit Humanitaire de San Remo[2], que les gouvernements et les autorités militaires de nombreux pays ont pris conscience de l'importance de former les militaires en DIH. L'opinion publique et la pression des Organisations de la Société Civile (OSC) y jouent également un rôle important. L'existence de manuels militaires et le développement des législations nationales contribuent à conscientiser les membres des forces armées sur leur devoir de respecter le Droit International Humanitaire.

Plus encore et fort heureusement, la responsabilité pénale des supérieurs hiérarchiques pour les infractions commises par leurs

---

Armées Centrafricaines, de la Police, de la MICOPAX et de l'APRD, Bangui, 02 septembre 2015.
[En ligne]. Disponible sur : https://reliefweb.int/report/central-african-republic/rca-laprd-lecole-du-droit-international-humanitaire.
Consulté le 11.03.2023.

[1] Première Convention de Genève de 1949, art. 47, la Deuxième Convention, article 48, la Troisième Convention, art. 127, et la Quatrième Convention, article 144. Voir également le Protocole Additionnel I, art. 83 et le Protocole Additionnel II, art. 87.

[2] Juhani Loikkanen, « *The Role of the International Institute of Humanitarian Law in the teaching of International Humanitrian Law* », à lire sur le site internet dudit Institut.

subordonnés et la crainte d'une justice pénale plus efficace, obligent ces autorités militaires à mieux faire attention à leur devoir de promotion du DIH au sein de l'armée. Étant donné le fait que les forces armées étatiques ou gouvernementales sont de plus en plus sollicitées à intervenir dans la lutte antiémeute aussi bien en situation de paix que dans les conflits armés, celles-ci sont généralement confrontées au problème du flou entre les frontières du droit et de la politique. Ces derniers sont des facteurs qui influent sérieusement sur le « processus décisionnel » en termes de « classification juridique » des conflits armés et en termes de catégorisation des « personnes protégées » en Droit International Humanitaire[1].

Il n'y a pas de doute aujourd'hui que la plupart des membres de forces armées appelés communément « militaires » au sens strict du terme, mais « combattants » au sens large, disposent sur eux, « des codes de conduite en format de poche ». Ainsi, la diffusion du Droit International Humanitaire au sein des forces armées est un principe affirmé et réaffirmé dans les Conventions de Genève de 1949 et dans les dispositions des Protocoles Additionnels de 1977 comme nous l'avons évoqué *supra*.

B. Le rôle inconsidéré des conseillers juridiques

L'obligation relative à la présence des conseillers juridiques au sein des forces armées, stipulée à l'article 82 du Protocole Additionnel I a pour objectif de garantir une meilleure connaissance, et de ce fait, un respect effectif du Droit International Humanitaire. Vu que la conduite des hostilités est de plus en plus complexe sur le plan juridique et politique, il a été indispensable aux États lors des négociations pour l'adoption du Protocole Additionnel II en 1977 d'adjoindre aux commandants militaires, des conseillers juridiques

---

[1] Céline Renaut, « L'impact des sanctions disciplinaires militaires sur le respect du droit international humanitaire », dans sa version anglaise sous le titre « *The impact of military disciplinary sanctions on compliance with international humanitarian law », International Review of the Red Cross*, volume 90, n° 870, p. 319-326.
[En ligne].
Disponible sur : https://international-review.icrc.org/sites/default/files/irrc-870-renaut-web-fra-final.pdf.
Consulté le 11. 03. 2023.

qui puissent les aider dans l'application et l'enseignement du Droit International Humanitaire. Cette exigence ne peut être respectée que par l'adoption d'une réglementation nationale appropriée pour que la présence de conseillers juridiques au sein des forces armées soit effective.

Les conseillers juridiques spécialistes du DIH ont une double tâche selon l'article 82 du Protocole Additionnel I : aviser les commandants militaires de la juste application des Conventions et du Protocole Additionnel I et les guider au procédé d'enseignement des règles juridiques énoncées par ces instruments aux forces armées sous leur responsabilité. Il s'agit-là de devoirs distincts, mais plus complémentaires que cela ne paraisse en réalité. En effet, plus l'enseignement aux militaires est systématique en temps de paix, plus la chance que les conseils soient efficaces en période de conflit armé peut devenir grande. Dans ce contexte, un niveau d'expertise suffisant en Droit International Humanitaire s'avère nécessaire pour que ce personnel puisse effectivement conseiller les commandants militaires.

En République Centrafricaine, il est difficile de trouver les traces d'une institutionnalisation de ce type de personnel. Les textes réglementaires régissant la défense nationale ou encore les Forces de Sécurité Intérieure ne font aucune place à un personnel composé uniquement de conseillers juridiques spécialisés en Droit International Humanitaire. Or cela s'avère très indispensable dans un pays comme la République Centrafricaine où l'instruction, en général, est problématique et que l'instruction au Droit International Humanitaire apparaît comme un souci secondaire.

Les organigrammes de ces grands corps habillés ne prennent pas véritablement en compte cette préoccupation. Seule la formation au DIH dans les Écoles de formation militaire, à l'École de la Gendarmerie Nationale et à l'École Nationale de la Police est souvent évoquée bien que n'étant pas donnée régulièrement à toutes les nouvelles recrues. C'est dans ce cadre que le 30 août 2017 avait été lancé officiellement à Bangui — à l'initiative du gouvernement — ce qu'il a été convenu d'appeler « opération-pilote de Désarmement, Démobilisation, Réintégration et Rapatriement (DDRR) » de quelques anciens combattants, membres de certains Groupes Armés Non-Étatiques par le gouvernement centrafricain.

En outre, sur la base de critères retenus requis pour une formation de qualité et pour une formation militaire répondant aux standards d'une armée digne de son nom, quatre cent quatre-vingts éléments ont été sélectionnés pour une formation en vue de leur intégration dans les Forces Armées Centrafricaines avec l'appui des Partenaires Techniques et Financiers du pays.

En somme, la première partie de la présente étude qui prend fin s'est attachée à démontrer combien les efforts de mise en œuvre fournis par la République Centrafricaine en termes d'adoption, d'incorporation et de divulgation des normes du Droit International Humanitaire sont louables même s'ils sont encore insuffisants.

Cependant, que peut-on dire de la capacité de l'État centrafricain à assurer le contrôle du respect des normes du Droit International Humanitaire dans les situations de conflit armé et à poursuivre efficacement les auteurs des graves violations desdites règles ? Les tentatives de réponse à cette interrogation seront exposées dans les lignes qui suivent et constitueront l'objet de la seconde partie de cette étude.

PARTIE 2 : DU CONTRÔLE DU RESPECT À LA RÉPRESSION DES VIOLATIONS DES NORMES

Les Conventions de Genève du 12 août 1949 comme leurs Protocoles Additionnels de 1977 prévoient l'obligation, pour les États Parties à ces instruments, de les respecter et de les « faire respecter ». Le sens de cette disposition a été souvent discuté. Mais il est aujourd'hui généralement admis que cette obligation implique le devoir de veiller à l'application du Droit International Humanitaire dans le monde. Il reste donc à se rassurer de la mise en œuvre de ces règles humanitaires tant les moyens de les appliquer ou de les contrôler et d'en sanctionner les violations sont existants mais très limités dans leur capacité effective.

Seront donc analysées ci-après, les limites des moyens de mise en œuvre du Droit International Humanitaire en République Centrafricaine tant en ce qui concerne le contrôle du respect des règles pendant le déroulement des hostilités (Chapitre 1) que la répression des violations graves des règles qui en sont issues (Chapitre 2).

Chapitre 1 : Des moyens de contrôle limités et des pratiques nationales peu satisfaisantes

Les moyens d'application du Droit International Humanitaire sont existants en République Centrafricaine, qu'ils soient juridiques, judiciaires ou institutionnels. Ceux-ci sont souvent regroupés en trois catégories à savoir les moyens préventifs en temps de paix, de contrôle en situation de conflits armés et de répression. Ce chapitre s'attèlera à analyser la catégorie des moyens réservés au contrôle du respect du Droit International Humanitaire et à la répression des graves violations des règles du DIH.

En Centrafrique, ces moyens sont limités (Section 1) autant que les pratiques nationales contribuant à la mise en œuvre sont évolutives mais peu satisfaisantes (Section 2).

Section 1 : Les limites des moyens de contrôle

L'analyse des limites des moyens de contrôle qui est proposée dans les lignes qui suivent est caractérisée par l'absence du recours au mécanisme des puissances protectrices, lequel est substitué par le Comité International de la Croix-Rouge d'une part (Paragraphe 1) et par les insuffisances d'autres mécanismes de contrôle à caractère international de l'autre (Paragraphe 2).

Paragraphe 1 : L'absence de recours au mécanisme des puissances protectrices et le rôle substitutif du CICR

Il est vrai que l'on peut relever particulièrement une absence du recours au mécanisme des puissances protectrices (A). Mais ce qui est vrai pour ce pays, l'est également pour la plupart des autres pays du monde, car la substitution par le Comité International de la Croix-Rouge en vertu de son droit d'initiative a permis et continue de permettre de combler ce vide. Rappelons que c'est un mécanisme important prévu par les Conventions de Genève du 12 août 1949 et les Protocoles Additionnels de 1977 (B).

A. L'absence de recours au mécanisme de puissance protectrice en Centrafrique

Selon les articles 8, 8, 8 et 9 Communs aux quatre Conventions de Genève du 12 août 1949, la désignation des puissances protectrices est une obligation, car chaque État partie à un Conflit Armé International doit désigner une Puissance Protectrice. C'est un État choisi parmi ceux qui sont neutres ou parmi d'autres qui ne sont pas parties au conflit. Il n'y a toutefois pas d'obligation ni pour l'État désigné d'accepter le mandat ni pour l'État dans lequel la mission doit être exercée, d'accréditer l'État choisi[1]. Pour connaître les fonctions précises d'une Puissance Protectrice, il faut se rapporter au Protocole Additionnel I de 1977 aux Quatre Conventions de Genève du 12 août 1949 dont presque 80 dispositions leur sont réservées. Ces dispositions concernent divers domaines variés comme les visites des personnes protégées, le contrôle des missions de secours et d'évacuation, l'assistance juridique dans les procédures judiciaires contre les personnes protégées, la transmission d'informations, de documents nécessaires ou d'aides matérielles et les offres de bons offices[2].

Il faut aussi dire que c'est une institution traditionnelle du Droit des relations diplomatiques que le Droit International Humanitaire a exploitée en la précisant et en la développant pour son compte. Très peu utilisé dans le passé jusqu'à la Seconde Guerre mondiale, ce mécanisme semble ainsi méconnu parmi les mécanismes contemporains de règlement des différends. Toutefois, il n'a pas perdu pour autant son rôle diplomatique puisqu'il continue d'être régi par les Conventions de Vienne du 18 avril 1961 sur les relations diplomatiques et du 24 avril 1963 sur les relations consulaires[3].

Cependant, si l'on observe bien les choses, les fonctions précitées sont similaires à celles du CICR. Il s'agit donc d'un double-emploi qui semble avoir été prévu expressément. Ainsi, ce rôle est

---

[1] Howard Levie, « Prisonners of War and the Protecting Power? », *AJIL*, vol. 55, 1961, p. 374-397.

[2] Protocole Additionnel I (1977) aux Quatre Conventions de Genève du 12 août 1949.

[3] Convention de Vienne sur les relations diplomatiques de 1961, art. 45 et 46. [En ligne]. Disponible sur : http://www.admin.ch/f/rs/c0_191_01.html. Consulté le 8 novembre 2022.

également dévolu au CICR puisqu'il est chargé de contrôler le respect du Droit International Humanitaire et de rappeler aux belligérants leurs obligations. Bien plus que son rôle, sa nature et ses principes le lui permettent également. Dans ce sens, en situation de conflit armé plus spécifiquement, le CICR a le droit de visiter les prisonniers de guerre et les internés civils pour s'assurer que leur traitement et les conditions de leur détention répondent aux normes du Droit International Humanitaire. Il transmet, par la suite, les informations y relatives à l'Agence Centrale de Recherche (ACR) du CICR pour que celle-ci s'assure, outre mesure, que les détenus ainsi suivis ne disparaissent pas. Ce travail, qui est fait depuis plus de 150 ans par le Bureau de l'ACR, se poursuit avec acuité, y compris dans la situation actuelle de conflit armé entre la Fédération de Russie et l'Ukraine[4].

Toujours, dans l'optique ci-dessus, le CICR est appelé à fournir une assistance humanitaire aux personnes dans le besoin, et ce, sous forme de vivres, de fournitures médicales et de vêtements s'il le faut. Sur le terrain, on peut remarquer qu'il joue bien ce rôle de substitut des Puissances Protectrices tel qu'il lui est dévolu par les Conventions de Genève du 12 août 1949. D'ailleurs les statuts du Mouvement International de la Croix-Rouge et du Croissant-Rouge donnent à cet organisme le mandat « de travailler à l'application fidèle du Droit International Humanitaire (…) et de recevoir toute plainte au sujet des violations alléguées de ce droit »[5]. La République Centrafricaine, n'ayant jamais connu un Conflit Armé International, n'a, jusque-là, pas eu besoin de faire recours à un tel mécanisme, plus naturellement fait pour ce type de conflit. C'est pour cette raison que l'on peut noter une absence de recours de la part de l'État Centrafricain à ce mécanisme des Puissances

4 CICR, « Bureau de l'Agence Centrale de Recherches du CICR pour le conflit armé international entre la Fédération de Russie et l'Ukraine : apporter des réponses aux familles », paru le 02 juin 2022.
[En ligne]. Disponible sur : https://www.icrc.org/fr/document/bureau-agence-centrale-recherches-cicr-pour-le-conflit-arme-international-en-ukraine. Consulté le 30.12.2023.

5 Voir le mandat et le statut du CICR.
[En ligne]. Disponible sur : https://www.icrc.org/fr/doc/who-we-are/mandate/overview-icrc-mandate-mission.htm.
Consulté le 08.03.2023.

Protectrices, du moins, jusqu'à présent. Heureusement que le CICR est en mesure de combler ce vide.

B. Le rôle de substitution du CICR

En jouant son rôle de substitut des Puissances Protectrices, le CICR n'agit pas toujours seul. Sur le terrain, ses activités sont vues en conjonction avec les autres organisations de ce mouvement international. En Centrafrique, ce rôle important, joué par le Mouvement International de la Croix-Rouge au plus fort des crises militaro-politiques ne peut passer inaperçu. Il est souvent dit que le Mouvement International de la Croix-Rouge ou du Croissant-Rouge est le plus grand réseau humanitaire au monde. Sa mission est, à titre de rappels, d'alléger les souffrances, de protéger la vie et la santé et de faire respecter la dignité humaine. En Centrafrique, ce grand mouvement est représenté par la Croix-Rouge Centrafricaine, la Croix-Rouge française, la Croix-Rouge du Qatar, la Fédération Internationale des Sociétés de la Croix-Rouge et le Comité International de la Croix-Rouge. Ainsi, à travers des activités menées de manière conjointe ou séparément, les différentes composantes dudit Mouvement mettent en œuvre des programmes visant à venir en aide aux populations centrafricaines affectées par les conflits armés et les multiples violences armées ainsi que d'autres situations d'urgence humanitaire, sur la base des principes fondamentaux du Mouvement que sont, entre autres et notamment, l'humanité, l'impartialité, la neutralité et l'indépendance[6].

Le Comité International de la Croix-Rouge est créé en 1863. Il déploie ses opérations dans plus de 80 pays de par le monde. Il est actif en République Centrafricaine de manière permanente depuis 2001. Il dispose en ce moment d'une délégation à Bangui, de plusieurs sous-délégations dans les villes provinciales de Kaga-Bandoro, de Bambari et de Ndélé et d'un bureau dans la ville de Birao, nonobstant qu'il opère également dans l'Ouest du pays à

---

[6] CICR, *Les principes fondamentaux du Mouvement International de la Croix-Rouge et du Croissant-Rouge*.
[En ligne]. Disponible sur :
https://www.icrc.org/fr/doc/assets/files/publications/icrc-001-4046.pdf.
Consulté le 30.12.2023.

partir d'une sous-délégation basée à Bangui. Les interventions du CICR ont porté durant les six dernières années sur différents domaines de l'action humanitaire. Cet organisme utilise son expertise du mieux que possible, selon nos observations. Il s'agit là d'un point de vue purement personnel, pouvant être discuté. A notre humble avis, le CICR en Centrafrique s'est efforcé de respecter, dans son approche humanitaire, les principes fondamentaux qui guident ses activités. Ils sont au nombre de sept : l'humanité, l'impartialité, la neutralité, l'indépendance, le volontariat, l'unité et l'universalité.

Grâce à sa grande capacité logistique, le CICR a soutenu, dans un élan de solidarité sans faille, la Croix-Rouge Centrafricaine[7] et bien d'autres partenaires du Mouvement International de la Croix-Rouge et du Croissant-Rouge dans le pays. La coordination avec les autorités nationales et avec les autres partenaires humanitaires en Centrafrique n'est pas négligée, et ce, afin de répondre aux besoins des personnes qui ont été touchées par les différents conflits dans le pays. Même avec l'avènement de la pandémie à Covid 19, le Comité International de la Croix-Rouge, à travers sa délégation à Bangui, a été très actif grâce à l'esprit d'affinement et d'adaptabilité de ses activités. Il a pu ainsi aider à prévenir ou à ralentir la propagation de la pandémie et à atténuer, autant que faire se peut, les risques qui y sont liés dans les divers endroits du territoire national où il opère[8].

Ainsi, on remarque que les activités du CICR en Centrafrique sont diverses et variées et couvrent de larges domaines d'effectivité du Droit International Humanitaire dans ce pays. En effet, de 2016 à 2021, nombreuses sont les activités concrètes menées et qui se rapportent au soutien à des dizaines de milliers de personnes civiles, allant des soins de santé[9] à la sensibilisation au Droit International

---

[7] Lire Délégation du CICR à Bangui, *Faits et chiffres, de janvier à décembre 2016*, Plaquette d'information sur les activités du CICR en République Centrafricaine, à lire sur le site du CICR : https://www.icrc.org.

[8] Délégation du CICR à Bangui, *Faits et chiffres de janvier-décembre 2020*, Plaquette d'information sur les activités du CICR en République Centrafricaine, à lire sur le site du CICR : https://www.icrc.org.

[9] Délégation du CICR à Bangui, *Faits et chiffres des années de janvier-décembre 2015, de janvier-décembre 2016, de janvier-décembre 2017, de janvier-décembre 2018, de janvier-avril 2019, de janvier-décembre 2020, de janvier-juin 2021*, Plaquettes d'information sur les activités du CICR en République Centrafricaine, disponibles sur le site du CICR : https://www.icrc.org.

Humanitaire[10] en passant par des actions concrètes de premiers secours[11], aux vivres d'urgences[12], à l'accès à l'eau et l'hygiène[13], au soutien à la production alimentaire sous toutes ses formes[14], à la détention ou à l'internement[15], au rétablissement des liens familiaux[16] et aux recherches des personnes disparues[17], et ce, jusqu'à la gestion des dépouilles mortelles[18] liées aux différents conflits armés internes qui ont eu lieu dans le pays. En matière de soins de santé, les Rapports du Comité International de la Croix-Rouge en Centrafrique font état d'activités se rapportant à des transferts d'urgence — en l'absence d'ambulance — pour permettre aux blessés et malades d'accéder à l'hôpital, y compris, en utilisant ses véhicules et son avion. D'autres actions se rapportent à des soutiens aux hôpitaux ainsi qu'à la lutte pour la protection des soins de santé en danger[19].

Dans le domaine de la protection de premiers secours ou de biens de première nécessité, des rapports montrent que le CICR a mené beaucoup d'activités tendant à subvenir aux besoins essentiels à travers des programmes d'assistance visant à maintenir ou à rétablir l'autonomie et les moyens essentiels de subsistance des victimes des conflits armés[20].

En fait, les activités menées par le Comité International de la Croix-Rouge en Centrafrique pour contribuer à la mise en œuvre ou au développement du Droit International Humanitaire sont multiples et variées. Cela répond de ce que les bases légales de ces activités sont aussi complexes. En effet, on peut distinguer les activités dites

---

[10] Délégation du CICR à Bangui, *op.cit.* [En ligne]. Disponible sur le site du CICR : https://www.icrc.org.

[11] *Ibid.*

[12] *Ibid.*

[13] *Ibid.*

[14] Délégation du CICR à Bangui, *Faits et chiffres de janvier-juin 2021*. Plaquette d'information sur les activités du CICR en RCA, à lire sur le site du CICR : https://www.icrc.org.

[15] Délégation du CICR à Bangui, *Faits et chiffres de janvier-décembre 2020.*

[16] Délégation du CICR à Bangui, *Faits et Chiffres de janvier à juin 2021.*

[17] Délégation du CICR à Bangui, *Faits et chiffres de janvier à décembre 2016.*

[18] *Ibid.*

[19] Délégation du CICR à Bangui, *Faits et chiffres de juin 2014 à juillet* ; *Faits et chiffres de 2017 ; Faits et chiffres de 2018* ; *Faits et chiffres de 2019.*

[20] Délégation du CICR à Bangui, *Faits et Chiffres de janvier à décembre 2020.*

« conventionnelles » de celles appelées « extra-conventionnelles »[21]. Si les premières lui sont confiées par les Conventions de Genève du 12 août 1949 et leurs Protocoles additionnels de 1977, les secondes sont menées sur la base de son droit d'initiative ainsi libellé dans le paragraphe 3 de l'article 5 de ses statuts qui dispose : « Le Comité international peut prendre toute initiative humanitaire qui rentre dans son rôle d'institution et d'intermédiaire spécifiquement neutre et indépendant et étudier toute question dont l'examen par une telle institution s'impose ». Ses différents types d'activités vont donc de la protection en temps de guerre, en passant par la protection des populations civiles, les déplacements de populations dont les réfugiés et les déplacés internes, la protection de personnes privées de liberté, le rétablissement des liens familiaux, la recherche des personnes portées disparues, l'assistance aux victimes de conflits, la sécurité économique, les différents programmes de fournitures en « eau et habitat », les programmes de santé, la chirurgie de guerre, la médecine carcérale, les programmes orthopédiques, à l'action préventive consistant au développement du droit à travers la diffusion du DIH. On peut ainsi comprendre la nature multiple, détaillée et protéiforme des activités menées par le CICR en terre centrafricaine aussi bien en temps de paix qu'au moment où se sont déroulées les incessantes violences politiques et militaires.

Toutefois, les limites des moyens de contrôle sont relatives à la fois au système national et international de la mise en œuvre du Droit International Humanitaire dans le pays.

Paragraphe 2 : Les insuffisances des mécanismes de contrôle internationaux

Les insuffisances relevées au niveau des mécanismes internationaux d'enquête et de rapports sur l'application des règles de Droit International Humanitaire en Centrafrique (A) sont accentuées par un apport limité de l'Organisation des Nations Unies dans ce domaine (B).

---

[21] Marco Sassoli, Antoine A. Bouvier, *Un droit dans la guerre*, volume 1, Comité International de la Croix-Rouge, Genève 2003, p. 357 et suiv.

A. L'insuffisance des systèmes de rapport en Centrafrique

C'est dans la Convention de Genève de 1929 sur les blessés et malades qu'a été introduite, pour la première fois, une disposition prévoyant la possibilité de procéder à des enquêtes multilatérales sur les violations des principes énoncés par la Convention. La procédure prévue dans ce texte fut reprise et introduite dans les quatre Conventions de Genève du 12 août 1949.

Un système pour la transmission, l'échange d'informations et les traductions officielles ainsi que pour l'adoption de lois et règlements d'application tels que voulus par les Conventions de Genève du 12 août 1949 et les Protocoles Additionnels de 1977[1] devrait être mis en place. Outre cela, il est judicieux qu'un système de rapports nationaux sur l'application des Conventions soit mis également en place. Sur ce, une variété de systèmes complémentaires, obligatoires ou volontaires existants, implique la simple transmission d'informations, mais aussi la remise de rapports périodiques. Beaucoup de pays sont avancés sur ce volet.

La République Centrafricaine peut suivre leurs pas. Les échanges peuvent supposer l'intervention d'organisations internationales, de dépositaires de traités, de commissions nationales du DIH ou du CICR. La République Centrafricaine doit donc s'empresser de mettre en place et de rendre opérationnelle sa Commission Nationale de Droit International Humanitaire. Car de tous temps, les rapports sur les violations du Droit International Humanitaire en République Centrafricaine ont été l'œuvre des organisations internationales humanitaires non gouvernementales et dont les conclusions sont souvent discutées par le gouvernement et les autres acteurs en la matière[2].

---

[1] Première Convention de Genève, art. 48 ; Deuxième Convention de Genève, art. 49 ; Troisième Convention de Genève, article 128 ; Quatrième Convention de Genève, article 145 et Protocole Additionnel I, art. 84.

[2] Fédération Internationale des Droits de l'Homme, « République Centrafricaine. Oubliées, stigmatisées : la double peine des victimes de crimes internationaux », Rapport du mois d'octobre 2006. Lire également Human Rights Watch, « République Centrafricaine. État d'anarchie : rébellions et exactions contre la population civile », Rapport de septembre 2007. Lire en plus Organisation des Nations Unies, « Rapport du Projet Mapping documentant les violations graves du Droit International des Droits de l'Homme et du Droit International Humanitaire commises sur le territoire de la République Centrafricaine de janvier 2003 à

L'apport de l'action du système des Nations Unies dans le pays est également très limité en termes de résultats probants.

B. L'apport limité du système de l'Organisation des Nations Unies

L'ONU a un lien avec le DIH en ce que les recommandations internationales précisent qu'une collaboration doit s'instituer en cas de violation grave de ce droit et que les actions entreprises dans ces situations doivent être conformes à la Charte des Nations Unies. C'est ce qu'explique l'analyste Christian Dominicé dans son ouvrage intitulé « L'ordre juridique international entre tradition et innovation », précisément au chapitre 3 : « L'article 103 de la Charte des Nations Unies et le droit international humanitaire »[1]. Les forces armées de l'ONU ont une responsabilité certaine quant au respect des règles du DIH lorsqu'elles sont appelées à œuvrer dans le cadre de leur mission d'imposition ou de maintien de la paix. Cette obligation ne fait aucun doute aujourd'hui.

Ainsi, les forces de l'ONU sont considérées à part entière comme un mécanisme de mise en œuvre du Droit International Humanitaire. Depuis la première intervention de l'ONU, et ce, sous la « forme d'interposition impartiale entre les belligérants de la crise de Suez en 1956 », son rôle et les formes du maintien de la paix dont elle se réclame ne cessent d'évoluer, allant jusqu'à impliquer la notion de « maintien de la paix par procuration »[2]. Il en est ainsi lorsqu'elle est appelée à faire un recours proactif à des partenaires non-onusiens, régionaux ou multinationaux. Dans l'un ou l'autre de ces cas, les forces en question sont soit soutenues par les Nations Unies et *vice-versa*. Bien entendu, tout cela ne va pas sans engendrer des

---

décembre 2015 », mai 2017. Lire par ailleurs Human Rights Watch, « Crimes impunis: crimes de guerre, crimes contre l'humanité et la Cour pénale spéciale en République Centrafricaine », juillet 2017.

[1] Christian Dominicé, « L'article 103 de la Charte des Nations Unies et le droit international humanitaire », in : *L'ordre juridique international entre tradition et innovation*, p. 221-236.

[2] Lire Jérémie Labbé et Arthur Boutellis, « Les opérations de maintien de la paix par procuration : conséquences des partenariats de maintien de la paix de l'ONU avec des forces de sécurité non-onusiennes sur l'action humanitaire », *RICR*, vol. 95, sélection française 2013/3 et 4, p. 47-70.

conséquences géopolitiques et humanitaires parfois difficilement compréhensibles.

Les polémiques autour de l'obligation de respecter le Droit International Humanitaire n'ont fait que s'accroître au regard des comportements souvent affichés par certains contingents des Casques bleus dans certains pays où l'ONU opère.

Dans des situations de conflit armé interne comme en Centrafrique, les membres des unités militaires participant à une opération de paix doivent respecter le droit international lorsqu'ils sont activement engagés dans des affrontements armés avec une partie au conflit, fut-elle un Groupe Armé Non Étatique. Il en est ainsi lorsque les membres de certains contingents de la Mission Multidimensionnelle des Nations Unies pour la Stabilisation en Centrafrique (MINSUCA) ont eu à entrer en affrontements avec certains de ces groupes armés en vertu du mandat de ladite Mission. En Centrafrique, beaucoup de discussions sur la nature de l'intervention de cette importante Mission de l'ONU laissent apparaître soit l'incompréhension de son rôle soit le manque de confiance dans son mandat vu la façon dont il est exécuté par ses forces prises globalement en général ou par certains contingents qui la composent de manière particulière. Il s'en suit que l'appréciation de l'intervention des différents contingents varie selon l'opinion nationale ou internationale entre une position positive ou négative. Depuis l'institutionnalisation de cette Mission en Centrafrique, son mandat est prorogé annuellement de façon systématique. Ainsi, les discussions autour de son mandat se confrontent à la nécessaire et difficile distinction entre la résolution des conflits et l'action humanitaire qui lui seraient dévolues.

Rappelons que l'applicabilité du Droit International Humanitaire aux forces menant des opérations sous le commandement et le contrôle des Nations Unies a été réaffirmée dans la circulaire que le Secrétaire Général des Nations Unies a publiée le 6 août 1999 pour marquer le 50ème anniversaire de l'adoption des Conventions de Genève de 1949. Elle est intitulée « Respect du Droit International Humanitaire par les forces des Nations Unies ». En effet, cette circulaire dresse une liste de règles et principes fondamentaux du DIH qui doivent au minimum être appliqués par les forces des Nations Unies au moment où elles interviennent militairement sur le territoire d'un ou de plusieurs États membres de l'ONU.

Peu importe, même si l'on note que la frontière est très floue entre un mandat de maintien ou d'imposition de la paix. Car, le type de mandat sous lequel interviennent ces forces n'est plus, de plus en plus, clair, eu égard aux différentes interprétations qui sont données sur les différents mandats de ces missions aujourd'hui. L'obligation est faite donc aux forces des Nations Unies de respecter ces règles et ces principes fondamentaux tels qu'ils sont inscrits dans les accords conclus entre les Nations Unies et les pays sur le territoire desquels des troupes de l'ONU sont déployées.

Les limites évoquées ci-dessus sont complétées, tant bien que mal, par des pratiques nationales en Droit International Humanitaire peu suffisantes. Celles-ci méritent d'être analysées.

Section 2 : Les insuffisances des pratiques nationales

Toutes les mesures comprises dans le Rapport Général du *Forum* National de Bangui (FNB) font suite aux Consultations Populaires à la Base, organisées les organes politiques transitoires en 2015 et qui ont permis à tous les Centrafricains — qu'ils vivent sur le territoire national ou qu'ils soient expatriés — de se prononcer sur un certain nombre de points importants pour la vie de la nation. Il en est ainsi de la nécessité de la levée immédiate de l'*embargo* sur les armes, de la réhabilitation et du réarmement des Forces Armées Centrafricaines, de la formation et du déploiement d'un corps spécial au niveau des frontières, de la mise en disponibilité des Forces de Sécurité Intérieure (FSI), de la prise en compte des accords et programmes DDRR/RSS et de la nécessité d'accélérer ces programmes, du redéploiement des Forces de Défense et de Sécurité (FDS) sur toute l'étendue du territoire national, de la mise en place de nouveaux critères de recrutement des soldats en tenant compte de leur représentativité par région, du déploiement des forces de la MINUSCA sur toute l'étendue du territoire et ce, dans un partenariat sincère, en toute neutralité et impartialité avec les Forces de Défense et de Sécurité centrafricaines.

En somme, les grandes décisions du *Forum* National de Bangui ont porté sur : l'Accord de désengagement des enfants-soldats avec les groupes armés sous l'égide de l'UNICEF — ce qui a été effectivement fait — le Pacte pour la paix et la réconciliation nationale — ce qui a été également fait — l'Accord sur le désarmement, la démobilisation, la réintégration et rapatriement (DDRR) et d'intégration dans les corps en uniforme — réalisé également même si en partie —.

Les règles pertinentes du Droit International Humanitaire invoquées dans ces décisions sont, en termes de recommandations, relatives à la sécurité physique et humaine de la population : la réconciliation nationale, le rôle des femmes dans le processus de réconciliation, la mise en œuvre du DDRR et de la RSS en ce qui concerne le désarmement global des membres des Groupes Armés Non-Étatiques et de la population civile, la lutte contre la prolifération des armes avant les élections générales de 2016 et après celles-ci.

Au plan de la restauration des Forces de Défense et de Sécurité en République Centrafricaine, on peut retenir — pour ne citer que quelques principales recommandations sur la question — la mise en œuvre de l'Accord sur les principes de désarmement, démobilisation, réintégration et rapatriement (DDRR) et d'intégration dans les corps en uniforme de l'État, entre le gouvernement de transition et les groupes armés, signé en mai 2015. Mais on ne devrait pas oublier que, malheureusement, quatre ans seulement après cette signature, un autre accord sera signé entre les mêmes protagonistes en 2019. Il s'agit de l'APPR-RCA.

Ceci étant, il convient de mentionner que toutes les couches sociopolitiques du pays ont été conviées aux assises du *Forum* National de Bangui. Parmi les différents actes pris ainsi que les déclarations officielles faites, celle des enfants a rappelé à l'auditoire les bases fondamentales du Droit International Humanitaire et les droits fondamentaux qui n'ont pas été respectés à l'égard de la population civile en général et ceux qui n'ont pas respecté leur protection spécifique en particulier pendant les conflits armés. Ces enfants ont donc fait des recommandations très importantes pour contribuer au retour à la paix. Il s'agit de recommandations relatives aux règles pertinentes du Droit International Humanitaire, interpellant sur les multiples violations y relatives. Ce sont essentiellement les actes suivants : tueries d'enfants et des membres de leur famille, violences sexuelles et physiques, destructions des écoles et hôpitaux, destructions et pillages des villages, recrutements des enfant-soldats, séparations des enfants de leur famille, etc.

En plus, les recommandations ont concerné également les points suivants qu'il convient de ne pas négliger à savoir le désarmement total de tous les ex-combattants, l'accès à tous les soins primaires, la promotion de la paix et de la justice, la reconstruction des infrastructures, le retour des personnes déplacées internes. Ainsi, convient-il de faire remarquer que le premier des actes annoncés par les Groupes Armés Non-Étatiques — et plus ou moins respecté par ceux-ci, selon nous — est l'engagement pris pour l'interdiction de l'enrôlement d'enfants-soldats. Le respect des règles du DIH et du DIDH, qui protègent les enfants, mérite d'être salué. Il s'agit notamment de la prévention et de l'arrêt de toute forme d'enrôlement et d'implication des enfants dans les activités des groupes avant, pendant et après le processus DDRR ainsi que la garantie de non-participation directe ou indirecte des enfants de moins de 18 ans à des hostilités. S'ensuivent l'identification et la séparation immédiate des enfants au sein des groupes armés et leur remise aux services compétents de l'État, aux Nations Unies ou aux Partenaires Techniques et Financiers pour leur réintégration.

Cependant, malgré les efforts fournis et en dépit de cette bonne volonté affichée, il y a lieu de faire remarquer que les groupes armés n'ont — en rien — changé, dans la mesure où ils sont de plus en plus renforcés et qu'ils continuent de commettre des infractions toujours plus graves aux règles pertinentes du DIH et du DIDH. Leur engagement, annoncé relativement à la justice et à la réconciliation, porte évidemment sur la création d'un environnement sécuritaire et socioéconomique favorable au retour des déplacés et des réfugiés, sur la mise en place d'une institution nationale des droits de l'homme et des libertés fondamentales — ce qui fut fait —, sur la mise en place d'une Cour Pénale Spéciale — ce qui fut fait également —, sur le renforcement des juridictions nationales, sur la poursuite des criminels de guerre, sur la mise en place d'une commission Justice Réparation et Réconciliation — ce qui fut également fait —. L'engagement relatif à la paix et à la sécurité porte, en outre, sur l'identification et le retrait immédiat et inconditionnel des enfants associés aux groupes armés, sur la mise en œuvre des Accords de Brazzaville du 23 juillet 2014 sur le DDRR et la cessation des hostilités, etc.

En plus des pratiques nationales limitées, la répression des violations graves des règles du Droit International Humanitaire est également insuffisante, malgré les efforts entrepris dans ce sens.

Chapitre 2 : Une répression insuffisante des violations graves des normes

Du point de vue du Droit International Pénal, rappelons-nous que le principe incontournable selon lequel les personnes sont tenues individuellement responsables des graves violations qu'elles ont été amenées à commettre ou qu'elles ont ordonné de commettre : la responsabilité pénale internationale individualisée. Par conséquent, ces violations sont sanctionnées, entre autres, comme des crimes de guerre. Ce sont donc les violations les plus graves de ces règles qui constituent — dans le jargon du DIH — les « infractions graves ». En fait, il s'agit des violations les plus flagrantes des quatre Conventions de Genève du 12 août 1949, des Protocoles Additionnels I et II de 1977 ainsi que d'autres Conventions pertinentes du DIH, commises dans le cadre d'un Conflit Armé International ou d'un Conflit Armé Non International contre certaines catégories de personnes, à savoir les combattants blessés, malades ou naufragés, les prisonniers de guerre, les civils qui se retrouvent aux mains d'une puissance occupante ainsi que contre les biens civils y compris les biens à caractère culturel.

Aussi, les développements qui suivront dans les prochains paragraphes, permettront-ils, dans un premier temps, de faire un rappel sur le champ d'application des conflits armés au sens du DIH, sinon des conflits armés qui se sont déroulés en Centrafrique (Section 1) avant d'exposer les limites des poursuites judiciaires des violations graves dudit droit dans le pays (Section 2).

Section 1 : Le champ d'application des conflits armés en Centrafrique et la notion de crimes de guerre

La nature des conflits armés ne cesse d'évoluer, rendant ainsi, non seulement, leur compréhension difficile sur le plan de leur qualification, mais également, sur celui de leur traitement juridique. C'est d'une situation complexe que nous parle Jérôme de Hemptinne en ces termes : « Ces évolutions ont généralement pu s'opérer sans bouleverser le cadre normatif imposé par les conventions et les catégories de conflit armé qu'elles renferment. Toutefois, certains conflits armés internationalisés, internalisés ou, plus généralement, qui changent de nature, ont posé, et continuent à poser des difficultés restées à ce jour insolubles »[1].

Le moins que l'on puisse dire est que les conflits armés ayant eu lieu en Centrafrique ces trois dernières décennies sont de caractère non international. Mais ils ont été « internationalisés » du fait d'interventions de divers éléments d'extranéité. C'est ce qui va être exposé dans les lignes qui suivent (Paragraphe 1) avant qu'un éclairage soit apporté sur la nature des crimes de guerre qui y ont été commis dans cette situation de conflit armé (Paragraphe 2).

Paragraphe 1 : L'existence d'un Conflit Armé Non International en Centrafrique

Une chose est de qualifier le type de conflit, comme celui de Conflit Armé Non International qui a lieu en Centrafrique (A). Mais une autre chose est de pouvoir préciser quel est le régime juridique applicable dans ce cas (B).

A. La qualification du Conflit Armé Non International dans le contexte centrafricain

D'emblée, il convient de savoir qu'il est retenu en DIH deux catégories principales de conflits armés au sens des Conventions de Genève de 1949 et des Protocoles Additionnels de 1977. Il s'agit d'abord du Conflit Armé International (CAI) qui, étant interétatique, oppose deux États ou plus. Il y a enfin le Conflit Armé Non International — appelé également conflit armé interne — qui est de nature intraétatique. Il peut opposer les forces gouvernementales d'un pays à des Groupes Armés Non-Étatiques ou — simplement — plusieurs de ces groupes armés entre eux. La lecture de l'article 2 commun aux quatre Conventions de Genève de 1949 révèle des éléments plus précis pour une définition technique des concepts, à savoir que les Conflits Armés Internationaux se déroulent entre les « Hautes Parties contractantes », pour parler des États. Il s'agit donc des États dont un ou plusieurs ont recours aux forces armées quelles qu'en soient les raisons, l'intensité de l'affrontement, l'ouverture ou non d'hostilités — avec ou sans déclaration de guerre —. Ainsi, les

[1] Jérôme Hemptinne, *Les conflits armés en mutation,* Editions Pedonne, 2019, p. 9.

règles du Droit International Humanitaire sont, d'office, applicables[2]. Dans ce sens, on ne peut plus clair avec Eric David qui s'exprime en ces termes : « tout affrontement armé entre forces des États Parties aux Conventions de Genève de 1949 — éventuellement au 1er Protocole Additionnel de 1977 — relève de ces instruments, quelle que soit l'ampleur de cet affrontement »[3]. Ainsi, une simple escarmouche ou un incident de frontière entre les forces armées des États Parties suffit à provoquer l'application des Conventions et du Protocole Additionnel I si ce dernier lie les États à cette situation[4]. Il ne s'agit donc pas de ce type de conflits en République Centrafricaine. Il est question plutôt — rappelons-le — d'un Conflit Armé Non International.

En effet, apparu plus récemment dans l'histoire du monde et ayant surpassé en nombre le Conflit Armé International[5], le Conflit Armé Non International est défini à partir d'éléments dont les sources se trouvent à la fois dans les dispositions de l'article 3 commun aux quatre Conventions de Genève de 1949 et dans celles du Protocole Additionnel II. Ainsi, l'article 3 commun, appelé de manière fantaisiste la « convention miniature » s'applique en cas de conflit armé ne présentant pas un caractère international et surgissant sur le territoire de l'une des Hautes Parties contractantes. Cette manière de définir ce type de conflit présente un champ d'études assez large et interpelle diverses interprétations. Ainsi, sont compris dans cette catégorie, tous les conflits armés auxquels participent un ou plusieurs groupes armés non- gouvernementaux. En outre : « selon la situation, les hostilités peuvent opposer les forces armées gouvernementales et des groupes armés non-gouvernementaux ou de tels groupes entre eux »[6]. Donc, le Conflit Armé Non International ne surgit pas seulement entre les groupes

---

[2] CICR, « Comment le terme « conflit armé » est-il défini en droit international humanitaire ? Prise de position », Note, mars 2008, p. 1.

[3] Eric David, *Principes de droit des conflits armés*, ULB, Bruxelles, 2002, p. 109

[4] Eric David, *op.cit.*, p.109 et suiv.

[5] Voir CICR, *Mieux faire respecter le droit international humanitaire dans les Conflits Armés Non Internationaux*, février 2008. p. 7. Voir également Innocent Ehueni Manzan, *Les accords politiques dans la résolution des conflits armés internes en Afrique*, Thèse de Doctorat, Université de la Rochelle et Université de Cocody-Abidjan, 2011, p. 29.

[6] CICR, *op. cit.*, p.8.

rebelles et les forces gouvernementales, mais également entre de tels groupes eux-mêmes. Par ailleurs, il ne faut pas oublier non plus les cas où l'une ou l'autre de ces deux catégories de protagonistes sont soutenues par des forces extérieures ou étrangères. Ces dernières peuvent être gouvernementales ou non étatiques, créant ainsi une situation complexe qualifiée souvent de « conflit mixte » ou de « cooccurrence d'un Conflit Armé International et d'un Conflit Armé Non International »[7]. Ces cas, de plus en plus réguliers, posent souvent des difficultés quant à la détermination du régime juridique applicable dans de telles circonstances.

La jurisprudence et la doctrine ont beaucoup aidé à comprendre ces situations et ont permis d'éclairer la substance de l'article 3 commun et du Protocole Additionnel II sur la question. En effet, d'un point de vue jurisprudentiel, le TPIY considère l'existence d'un CANI « chaque fois qu'il y a recours à la force armée entre États ou un conflit armé prolongé entre les autorités gouvernementales et des groupes armés organisés ou entre de tels groupes au sein d'un État »[8]. Cette juridiction ajoute même que cette définition couvre des situations où « plusieurs factions viendraient à s'affronter sans l'intervention des forces armées gouvernementales »[9]. Et la Cour Pénale Internationale de compléter cette disposition dans son statut à l'article 8, paragraphe 2 f) de cette manière : « il s'applique aux conflits armés qui opposent de manière prolongée sur le territoire d'un État les autorités du gouvernement de cet État et des groupes armés organisés ou des groupes armés organisés entre eux ».

La doctrine, sous la plume par exemple d'Hans-Peter Gasser, admet que « les Conflits Armés Non Internationaux sont des affrontements armés qui se produisent sur le territoire d'un État,

---

[7] Faure, Camille, et Cordula Droege, « Forces et faiblesses du droit international humanitaire », *Revue Défense Nationale*, vol. 825, n° 10, 2019, p. 39-50.

[8] Yves Sandoz, Christophe Swinarski, Bruno Zimmermann, *Commentaire des Protocoles additionnels du 8 juin 1977 aux Conventions de Genève du 12 août 1949,* CICR, Genève, 1986, par. 4461. Lire également CICR, *Le droit international humanitaire et les défis posés par les conflits armés contemporains-Engagement renouvelé en faveur de la protection dans les conflits armés à l'occasion du 70e anniversaire des Conventions de Genève,* CICR, Rapports et Documents, novembre 2019 p. 10 et suiv.

[9] TPIY, *Le Procureur c/Dusko Tadic*, Arrêt Relatif à l'Appel de la Défense concernant l'Exception Préjudicielle d'Incompétence, IT-94-1-A, 2 octobre 1995, par. 70.

entre le gouvernement d'une part et des groupes d'insurgés d'autre part. [...]. Un autre cas est celui où le gouvernement perd toute autorité dans le pays, ce qui incite divers groupes à se battre pour prendre le pouvoir »[10]. Ainsi, beaucoup de questions juridiques sont soulevées par l'application de la « convention miniature ». Certaines sont relatives, selon Lindsey Cameron *et alii* dans leur ouvrage intitulé « Commentaire mis à jour de la Première Convention de Genève, un nouvel outil pour générer le respect du Droit International Humanitaire », à divers éléments. Ces derniers concernent son champ d'application géographique et temporel, sa force obligatoire pour les Groupes Armés Non-Étatiques et pour les forces multinationales, les personnes protégées et les différentes obligations fondamentales dans ce type de conflit[11].

Le Protocole Additionnel II propose, quant à lui, une définition plus restrictive, qui veut que cet instrument s'applique aux conflits armés internes comme étant ceux « qui se déroulent sur le territoire d'une Haute Partie contractante entre ses forces armées et des forces armées dissidentes ou des groupes armés organisés qui, sous la conduite d'un commandement responsable, exercent sur une partie de son territoire un contrôle tel qu'il leur permette de mener des opérations militaires continues et concertées et d'appliquer le présent Protocole ». On voit donc qu'il existe une obligation pour les groupes armés d'exercer un contrôle de sorte à leur permettre de mener des opérations militaires continues et en concertation, et ce, en appliquant ledit protocole, d'une part. D'un autre côté, ils doivent être organisés, c'est-à-dire qu'ils doivent être facilement repérables et avoir une structure de commandement.

Néanmoins, le Protocole est interprété comme renforçant et complétant les dispositions de l'article 3 commun. Pourtant, le Protocole Additionnel II contient une disposition qui précise que rien dans ce texte ne portera « atteinte à la souveraineté d'un État ou

---

[10] Hans-Peter Gasser, « International Humanitarian Law: an Introduction », in *Humanity for All: the International Red Cross and Red Crescent Movement*, H. Haug (ed.), Paul Haupt Publishers, Berne, 1993, p. 510-511.

[11] Lindsey Cameron, Bruno Demeyere, Jean-Marie Henckaerts, Eve La Haye et Heike Niebergall-Lackner, « Commentaire mis à jour de la Première Convention de Genève-un nouvel outil pour générer le respect du droit international humanitaire », *Documents et Rapports du CICR*, à lire dans *Georgia Journal of International & Comparative Law*, volume 45, n° 3, 2017, p. 549-569.

à la responsabilité du gouvernement, de maintenir ou de rétablir l'ordre public dans l'État ou de défendre l'unité nationale et l'intégrité territoriale de l'État par tous les moyens légitimes »[12]. Il s'agit précisément des moyens légitimes, en particulier par rapport aux obligations prévues par le DIH. La même disposition souligne que le Protocole ne peut être invoqué pour intervenir dans un conflit armé[13].

Cela dit, le Droit International Humanitaire n'exclut pas les moyens légaux pour un État de poursuivre les suspects pour violation de la législation nationale. C'est dans ce sens que les membres des Groupes Armés Non-Étatiques peuvent être poursuivis pour avoir commis l'infraction « d'association de malfaiteurs » en application du Code pénal en vigueur dans le pays[14].

Somme toute, il faut savoir distinguer un conflit armé au sens de l'article 3 Commun d'autres formes de violence moins graves que sont les troubles intérieurs et les tensions internes, les émeutes ou les actes de banditisme. En réalité, il est nécessaire que la situation d'hostilité atteigne un certain niveau d'affrontement, un seuil requis. On ne reconnaît habituellement que la limite inférieure fixée à l'article 1er, paragraphe 2 du Protocole Additionnel II qui exclut les tensions internes et les troubles intérieurs de la définition du Conflit Armé Non International.

À cet égard, deux critères sont généralement utilisés sur la base dudit article : d'abord, les hostilités doivent atteindre un niveau minimal d'intensité comme le cas où, par exemple, les hostilités ont un caractère collectif ou lorsque le gouvernement est obligé d'avoir recours à la force militaire contre les insurgés plutôt qu'aux éléments de la police. C'est l'exemple d'une situation exceptionnelle comme celle de l'État d'urgence ; enfin, lorsque les groupes armés non-gouvernementaux impliqués dans le conflit sont obligés de se faire considérer comme des parties au conflit, c'est-à-dire qu'ils disposent de forces armées organisées. Si tel est le cas, ils peuvent alors être soumis à un commandement et mener des opérations militaires continues et concertées.

---

[12] Protocole Additionnel de 1977, art. 3.

[13] *Ibid.*

[14] Exemple du Code Pénal de la République Centrafricaine de 2010.

Alors, si l'on s'accorde à affirmer que la plupart des conflits intervenus ces six dernières décennies dans le monde ont un caractère intraétatique, il en est ainsi, à bien des égards, des différents conflits armés qui ont eu cours en Centrafrique dès l'année 2003. Cela a été rapporté par le Haut-Commissariat des Nations Unies aux droits de l'homme en mai 2017. En effet, dans son Rapport *Mapping*, déjà évoqué *supra*, l'organisme onusien, en plus de documenter ce qu'il a considéré comme étant des violations graves des droits de l'homme et du Droit International Humanitaire entre 2003 et 2015 dans le pays, a également précisé la nature non internationale de ces conflits multiples[1].

Il n'y a pas eu que ce rapport, car d'autres de ce type ont été produits par diverses ONG nationales ou internationales des Droits de l'Homme et par certains Organismes des Nations Unies ou d'autres[2]. Ces rapports ont la particularité de mettre en exergue le caractère grave et massif des violations des droits de l'homme et du Droit International Humanitaire durant les différents conflits militaro-politiques en Centrafrique.

Par ailleurs, on n'oubliera pas que les conflits ont continué et continuent encore d'opposer les Groupes Armés Non-Étatiques dont la CPC aux FACA, appuyés par leurs alliés russes et rwandais avant et après l'année 2020.

B. Le droit applicable dans le Conflit Armé Non International en Centrafrique

Pour les observateurs avertis comme la MINUSCA qui a eu à produire plusieurs rapports sur la situation centrafricaine, il n'y a

1 Haut-Commissariat aux Droits de l'Homme des Nations Unies, *Rapport du Projet Projet Mapping documentant les violations graves du droit international des droits de l'Homme et du droit international humanitaire commises sur le territoire de la République Centrafricaine de janvier 2003 à décembre 2015*, New York, 31 mai 2017, p. 247.

2 Lire MINUSCA *Violations et abus des droits de l'homme et du droit international international humanitaire en RCA entre le 26 septembre et le 20 octobre.* Disponible sur : https://minusca.unmissions.org/sites/default/files/ bangui_report_final_english.pdf et lire en plus : *violations et abus des droits de l'homme commises par la coalition FPRC/UPC dans la Haute Kotto et la Ouaka entre le 21 novembre 2016 et le 21 février 2017.* Consulté le 20.11.2023.

aucun doute sur le caractère non international des conflits armés qui ont eu lieu dans le pays, nous l'avons souligné ci-dessus. C'est ce que la mission onusienne exprime en ces termes : « La MINUSCA considère que la nature et l'intensité de la violence armée, sa nature prolongée dans le temps, le niveau de contrôle du territoire par les groupes armés et le niveau d'organisation des différentes factions *ex-séléka*, des *antibalaka* et d'autres groupes armés attestent de l'existence d'un Conflit Armé Non International en RCA »[1].

D'ailleurs, en termes de niveau d'organisation, on ne peut faire fi de ce que « les différentes factions *ex-séléka*, à l'exemple du FPRC, de l'UPC ou du MPC — pour ne citer que ceux-là — ont toujours eu une structure militaire, une chaîne de commandement et un mécanisme de discipline interne ». Pouvait-il en être autrement ? La réponse à cette question est la négative, car sinon comment feraient ces responsables ou leurs représentants pour siéger dans les négociations de paix et de réconciliation dont le but inavoué a toujours été d'être nommé à des postes politiques ou administratifs et notamment au sein du gouvernement ? Il faut quand même préciser que le souci d'organisation des groupes armés en Centrafrique répond beaucoup plus en termes de positionnement pour obtenir le partage du « gâteau du pouvoir » que pour répondre aux critères de reconnaissance juridique de ces groupes par respect dû au Droit International Humanitaire.

Quoi qu'il en soit, en tant que tels, ces groupes sont tenus d'honorer des obligations en vertu du Droit International Humanitaire au même titre que l'État centrafricain[2]. Au demeurant, le droit applicable est celui d'un Conflit Armé Non International. Mais au regard de la multiplicité des acteurs mis en cause, d'aucuns

---

[1] MINUSCA, *DDH Rapport trimestriel avril-mai-juin 2019*. [En ligne]. Disponible sur : https://minusca.unmissions.org/rapports-droits-de-lhomme-rca-0. Consulté le 10.05.2023.

[2] CIJ, *L'Affaire des activités militaires et paramilitaires au Nicaragua et contre celui-ci (Nicaragua c. États-Unis d'Amérique)*, fond, Arrêt du 27 juin 1986, CIJ, Recueil 1986, paragraphe 220. Lire Anne-Marie La Rosa et Carolin Wuerzner, « Groupes armés, sanctions et mise en œuvre du droit international humanitaire », *RICR, op. cit.*, p.10 et suiv.
Disponible sur :
https://international review.icrc.org/sites/default/files/irrc-870-larosa-wuerzner-web-fra-final.pdf.
Consulté le 12.05.2023.

ont pu voir la main de certains États voisins de la République Centrafricaine dans les violences militaires qui ont émaillé l'histoire de ce pays. Il y a lieu de s'interroger si la qualification de Conflit Armé Non International, à lui seul, suffit pour que seules les dispositions de l'article 3 commun et du Protocole Additionnel II puissent s'appliquer. Sinon, il convient alors de pousser les analyses, au regard des faits, pour reconnaître qu'il y a eu des interventions d'États voisins comme le Tchad et pourquoi pas le Soudan, dans une certaine mesure, en soutien aux forces armées rebelles comme la *Séléka* hier et la CPC aujourd'hui. Ceci permettrait de qualifier le conflit comme, non seulement un CANI, mais aussi comme un CANI internationalisé et de retenir par conséquent la cooccurrence des deux types de régime juridique relatifs, l'un au CAI et l'autre au CANI. Certains pourraient arguer, dans leur analyse de la situation, que cela n'en est pas le cas. Car, il faut disposer de preuves probantes, juridiquement pertinentes, de la participation de forces gouvernementales ou non gouvernementales de ces deux pays voisins, à même d'engager la responsabilité internationale de leurs États respectifs. Mais à vrai dire et sans se leurrer, les faits rapportés ont toujours fait mention de ce que des troupes tchadiennes venues tout droit de Ndjamena ont appuyé substantiellement les troupes de la *Séléka* dans le renversement du pouvoir du Président François Bozizé en 2013. Par ailleurs, des rapports officiels mentionnent que des troupes gouvernementales soudanaises ont combattu les forces rebelles de l'Armée de Résistance du Seigneur de Joseph Kony sur le territoire centrafricain. En outre, devrait-on se rappeler que les éléments rebelles du MLC de Jean Pierre Bemba ont combattu en appui aux forces gouvernementales du Président Patassé avant que celui-ci soit renversé en 2003.

Il est évident que la République Centrafricaine a évité de peu le mélange existentiel entre un Conflit Armé International et un Conflit Armé Non International sur son territoire. Une fois de plus, nous pouvons affirmer sans risque de nous tromper que les conflits armés internes en République Centrafricaine ont, à bien des égards, été « internationalisés » par la participation d'acteurs étrangers, intervenus en qualité de mercenaires en membres de certains Groupes Armés Non-Étatiques ou encore de mercenaires répondant au nom des États tels que le Tchad et le Soudan. Même si jusqu'alors, la République Centrafricaine n'a pas encore intenté une action quelconque en responsabilité internationale contre l'un ou l'autre de ces États, il y a lieu de retenir juridiquement que les conflits armés centrafricains sont — à bien des égards — des conflits qualifiables aisément de conflits armés internes non seulement, mais « internationalisés » également. Dans cette situation, la responsabilité internationale de ces États pourrait être engagée en fonction des critères de droit international correspondants[1].

À ce propos, deux questions se posent généralement à savoir quel est l'effet sur la qualification du conflit — et du droit applicable — de l'intervention d'un État dans un conflit interne ? À partir de quel degré d'intervention, la responsabilité internationale d'un État-tiers est-elle engagée ? Les réponses sont apportées essentiellement par les deux jurisprudences ci-après : celle de la Cour Internationale de Justice de La Haye en 1986 sur la responsabilité internationale des États-Unis d'Amérique, fondée sur le critère du contrôle effectif et celle du Tribunal Pénal International pour l'ex-Yougoslavie en 1999 dans l'Affaire *Tadic*, pour la qualification du conflit, fondée sur le critère du contrôle global.

Le Protocole Additionnel II s'applique alors aux conflits armés internes comme étant ceux « qui se déroulent sur le territoire d'une Haute Partie contractante entre ses forces armées et des forces armées dissidentes ou des groupes armés organisés qui, sous la conduite d'un commandement responsable, exercent sur une partie de son territoire, un contrôle tel qu'il leur permette de mener des opérations militaires continues et concertées et d'appliquer le présent Protocole ». Comme expliqué également *supra*, le TPIY considère qu'un CANI existe « chaque fois qu'il y a recours à la force armée entre États ou un conflit armé prolongé entre les

---

[1] Dietrich Schindler, « Le droit international humanitaire et les conflits armés internes internationalisés » *RICR*, n°737, septembre 1982, p. 263-272. Lire également Marco Sassòli, Antoine A. Bouvier, Anne Quintin avec la collaboration de Juliane Garcia, *Un Droit dans la Guerre ?* Cas, documents et supports d'enseignement relatifs à la pratique contemporaine du droit international humanitaire ? Vol. I, Présentation du droit international humanitaire, Seconde édition, p. 16. Lire en plus Le Monde Diplomatique, « Comment la Cour de la Haye a condamné les États Unis pour leurs actions en Amérique Centrale », août 1986, p. 3 et 4.
Disponible sur : https://www.monde-diplomatique.fr/1986/08/CHEMILIER_GENDREAU/39416.
Consulté le 10.05.2023.

autorités gouvernementales et des groupes armés organisés ou entre de tels groupes au sein d'un État, confirmant ainsi que la définition du Conflit Armé Non International au sens de l'article 3 commun aux quatre Conventions de Genève du 12 août 1949 qui couvre bien des situations où « plusieurs factions viendraient à s'affronter sans l'intervention des forces armées gouvernementales »[1].

Le champ d'application du Droit International Humanitaire dans la situation centrafricaine ayant été déterminé, il est important de rappeler la notion de crimes de guerre.

Paragraphe 2 : La notion de crimes de guerre

Passer en revue — ne fût-ce que brièvement — les infractions constitutives de crimes de guerre dans la situation centrafricaine (A) facilitera la compréhension de la responsabilité pénale individuelle des supposés responsables de ces crimes en Centrafrique (B).

A. Les infractions graves constitutives de crimes de guerre

Les infractions graves sont constituées par certaines violations les plus flagrantes du Droit International Humanitaire. Elles forment ce qu'on appelle aujourd'hui les « crimes internationaux »[2]. Il s'agit d'actes comprenant l'homicide intentionnel, la torture ou les traitements inhumains, le fait de causer intentionnellement de grandes souffrances graves à l'intégrité physique ou à la santé, les expériences biologiques, les destructions et l'appropriation des biens, non justifiés par les nécessités militaires et exécutés sur une grande échelle de façon illicite et arbitraire, le fait de contraindre un prisonnier de guerre ou une personne protégée à servir dans les forces armées de la puissance ennemie, le fait de priver un prisonnier de guerre ou une personne protégée de son droit d'être jugée régulièrement et impartialement selon les prescriptions des Conventions, la déportation ou le transfert illégal, la détention

---

[1] CICR, *Mieux faire respecter le droit international humanitaire dans les conflits armés non internationaux*, 2008, p.7. Lire Innocent Ehueni Manzan, *Les accords politiques dans la résolution des conflits armés internes en Afrique*, Thèse de Doctorat, Université de la Rochelle et Université de Cocody-Abidjan, 2011, p. 29.

[2] Emmanuel Decaux et Olivier de Frouville, « Droit international public », Colin, in : *Politique étrangère*, n°1, 2003, 68ᵉannée, p. 184-185.

illégale d'une personne protégée et la prise d'otages. Toutes ces infractions trouvent leur qualification de crimes de guerre, non seulement, dans les Conventions de Genève de 1949 et leurs Protocoles Additionnels I et II de 1977, mais aussi dans les statuts des Tribunaux Pénaux Internationaux depuis les Tribunaux Militaires Permanents (TMP) de Nuremberg et de Tokyo jusqu'à la Cour Pénale Internationale créée en 1998 et rendue opérationnelle en 2002. Considérées comme telles, ces infractions doivent être punies. Dans l'ensemble, leur liste est bien connue. Ce sont essentiellement les infractions graves aux Conventions de Genève de 1949 et aux Protocoles Additionnels de 1977, rappelons-le. Autrement dit, ce sont les violations graves des lois et des coutumes de la guerre applicables aux Conflits Armés Internationaux et des violations graves des lois et des coutumes de la guerre, applicables dans les conflits armés ne présentant pas un caractère international. Sont visés, entre autres, à titre de rappel, l'homicide intentionnel, la torture ou les traitements inhumains, le fait de causer intentionnellement de grandes souffrances, le fait de porter des atteintes graves à l'intégrité physique ou à la santé, la déportation ou le transfert illicites et la prise d'otages.

Rappelons que la mise en œuvre du DIH consiste à transformer les règles en actes. C'est donc sur le terrain de la répression que cette exigence apparaît dans tout son éclat puisque les États doivent s'efforcer, non seulement de prévenir les violations du Droit International Humanitaire, mais aussi de les réprimer. Mais comment assurer cette répression ? Il s'agit bien entendu de tenir les individus responsables des violations qu'ils commettent ou ordonnent de commettre de sorte que ceux qui sont responsables de ces violations graves soient poursuivis et punis en qualité de criminels de guerre. En effet, prévenir et faire cesser ces crimes constituent une obligation conventionnelle pour les États ; et ce, lorsque des infractions graves sont commises aussi bien en situation de Conflit Armé International que de Conflit Armé Non International. Les actes constitutifs dont la liste est longue, sont considérés comme des crimes de guerre. Heureusement, au regard de la grande étendue de cette liste d'infractions graves, l'article 8 du Statut de la Cour Pénale Internationale en a fait une sorte de répertoire, regroupant les actes constitutifs d'infractions graves dans une liste quasi complète qui sert de référence.

Les poursuites nationales sont le corollaire de la responsabilité qui incombe — au premier chef — aux États d'arrêter, de poursuivre et de punir les auteurs de crimes de guerre. C'est pour cela que quand ces États adhèrent aux Conventions de Genève de 1949 et aux deux Protocoles Additionnels de 1977, ils sont supposés accepter d'adopter les lois nécessaires au plan national pour permettre à leur propre juridiction de poursuivre les individus soupçonnés d'avoir commis des infractions graves ou d'avoir ordonné de les commettre. C'est ainsi qu'ils ont intérêt à poursuivre les auteurs de ces crimes devant leurs propres tribunaux pénaux. À défaut, ils doivent accepter de les extrader vers d'autres pays prompts à le faire, le principe « *aut judicare aut dedere* » les obligeant.

Poursuivre et réprimer les crimes de guerre sont des actions qui supposent, selon le CICR, certaines obligations bien précises. Premièrement, un État Partie doit se doter d'une législation qui interdise et réprime les infractions graves aux Conventions de Genève de 1949 et aux Protocoles Additionnels de 1977. Il le fait soit en adoptant une loi distincte soit en modifiant le droit pénal existant. Ces lois doivent s'appliquer à tous les individus — peu importe leur nationalité — qui commettent ou donnent l'ordre de commettre des infractions graves au DIH. Elles doivent également couvrir les violations résultant d'un manquement à l'obligation légale d'agir. Enfin, elles doivent couvrir les actes commis tant sur le territoire de l'État Partie qu'en dehors de celui-ci. Elles doivent également prévoir des sanctions tenant compte de la gravité des crimes. Deuxièmement, un État Partie aux Conventions doit rechercher les responsables présumés d'infractions graves aux fins de les traduire en justice. Celui-ci doit poursuivre les individus suspectés devant ses tribunaux ou les extrader pour qu'ils soient jugés dans un autre État Partie. A ce titre, rappelons-nous du principe *aut dedere aut judicare* évoqué supra. À cet effet, il doit ouvrir une enquête sur tous les crimes de guerre qui auraient été commis par ses ressortissants ou par les membres de ses forces armées nationales, ou sur son territoire, ainsi que sur tous les autres crimes de guerre à l'égard desquels il est compétent. En plus, si cela se justifie, il doit engager des poursuites contre les auteurs présumés de ces crimes. Troisièmement, un État Partie aux Conventions doit exiger du commandement de son armée qu'il prévienne les infractions graves et les autres crimes de guerre et qu'il prenne des mesures contre les individus qui, placés sous son autorité, ont commis de telles infractions. Quatrièmement, les États Parties devraient se prêter mutuellement assistance dans toute procédure pénale relative à des infractions graves et à d'autres crimes de guerre. Cinquièmement, un État Partie aux Conventions doit également prendre les mesures nécessaires pour faire cesser tous les actes contraires aux dispositions du DIH autres que les crimes de guerre, par exemple, sous forme de sanctions pénales ou disciplinaires[1].

Il faut donc, pour les États, « prendre toutes mesures législatives nécessaires pour fixer les sanctions pénales adéquates à appliquer aux personnes ayant commis ou donné l'ordre de commettre, l'une ou l'autre des infractions graves » aux règles du DIH[2] et d'en rechercher les prévenus, peu importe leur nationalité, et de les traduire devant leurs propres tribunaux. Mais à défaut, il faut les remettre, pour jugement, à un autre État Partie intéressé en vertu de la compétence pénale universelle et du principe *aut dedere aut judicare* déjà évoqué précédemment. Le principe de la compétence pénale universelle, quant à lui, trouve son fondement dans l'application de la Règle 158 du Droit International Humanitaire coutumier[3]. Que signifie la Compétence Pénale Universelle ? Normalement, c'est-à-dire selon le Droit Pénal International classique, la poursuite de telles infractions ne s'applique uniquement qu'aux crimes commis sur le territoire d'un État ou par ses ressortissants. Or, selon la nouvelle couche de ce droit, la gravité de certains crimes à l'exemple des crimes de guerre commis pendant les conflits armés, oblige les États à rechercher et poursuivre, indépendamment de leur nationalité et de l'endroit où le crime a été commis, les auteurs desdits crimes. C'est ce mécanisme qui est

---

[1] Lire les commentaires des conventions de Genève de 1949 par le CICR, en occurrence, le commentaire de la première convention de Genève.

[2] Première Convention de Genève du 12 août 1949, article 49 ; Deuxième Convention de Genève du 12 août 1949 art. 50 ; Troisième Convention de Genève du 12 août 1949, article 129, Quatrième Convention de Genève du 12 août 1949, article 146 et Protocole Additionnel I, art. 85.1.

[3] Jean-Marie Henckaerts et Louise Doswald-Beck, *Droit international humanitaire coutumier, Vol. I : Règles, CICR*, Genève, Cambridge University Press, Cambridge, 2005.
Disponible sur : <www.icrc.org/customary-ihl/eng/docs/home>.
Consulté le 03.11.2022.

appelé le principe de « compétence pénale universelle ». Il consiste, dans les faits, pour les États, de se doter d'une législation interne qui permette à leurs tribunaux de poursuivre les personnes qui ont commis des crimes internationaux, tels que des crimes de guerre commis dans le cadre de conflits armés internationaux et non internationaux, dans un autre État et peu importe leur nationalité. C'est pourquoi au titre de cette obligation, les États sont tenus d'enquêter, et, s'il y a lieu, de traduire en justice les individus soupçonnés d'avoir commis de graves infractions ou de les avoir ordonnées, chaque fois que les États sont informés que ces individus sont présents sur leur territoire ou dans des lieux placés sous leur autorité[4].

En effet, le Conseil de sécurité de l'ONU a établi, en marge des Tribunaux Militaires Permanents de Nuremberg et de Tokyo issus de la fin de la seconde Guerre Mondiale, deux tribunaux pénaux internationaux pour juger certains crimes — dont les violations du DIH — commis sur le territoire de l'ex-Yougoslavie et en lien avec les événements qui ont touché le Rwanda. Avec la fermeture officielle du Tribunal Pénal International pour le Rwanda (TPIR) à la fin de l'année 2015 et l'arrivée à terme du mandat du Tribunal Pénal International pour l'ex-Yougoslavie (TPIY), leurs fonctions essentielles seront reprises par le Mécanisme international appelé à exercer les fonctions résiduelles de ces Tribunaux Pénaux Internationaux *ad hoc*.

Ensuite, des tribunaux « mixtes » ou « hybrides » tels que le Tribunal Spécial pour la Sierra Leone et les Chambres Extraordinaires au sein des tribunaux cambodgiens ou sénégalais, —pour ne citer que ces exemples — ont aussi été mis en place. Ces juridictions associent des caractéristiques des systèmes judiciaires nationaux et internationaux. D'autres juridictions de cette nature continuent d'être créées. Cela laisse penser que l'on en créera davantage si besoin est.

Enfin et en outre, une Cour Pénale Internationale compétente pour connaître des violations graves du DIH constituant des crimes de guerre — article 8 du Statut de la CPI — a été créée par un Traité international en 1998. La CPI a commencé à fonctionner en 2002,

---

[4] Union Interparlementaire (UIP), *Droit International Humanitaire, Guide à l'usage des parlementaires n°25*, CICR, 2016, p. 99 et suiv.

après la ratification du Statut de la CPI par soixante États. Ces juridictions complètent les mécanismes de répression prévus en droit international, et représentent un progrès important en matière de prévention et de répression des violations graves du DIH et du DIDH. La CPI et ses activités font l'objet d'une attention continue de la communauté internationale. Mais comme l'indique clairement le préambule du Statut de la CPI, la responsabilité de poursuivre les auteurs de crimes internationaux, notamment de crimes de guerre, incombe au premier chef aux États. La compétence de la CPI ne peut être invoquée que si un État n'a pas eu la volonté ou est dans l'incapacité de mener véritablement à bien les poursuites visant des individus qui relèvent de sa compétence. C'est le principe de complémentarité prévu par le Statut de la CPI. Les États Parties au Statut de la CPI doivent, par conséquent, adopter la législation autorisant les poursuites visant les responsables de crimes internationaux devant les tribunaux nationaux. Ils doivent également prendre des mesures nécessaires pour faciliter la coopération judiciaire[5].

Par ailleurs, nombreux sont les instruments internationaux qui mentionnent l'obligation faite aux États Parties aux Conventions relatives au DIH de conférer une forme de compétence universelle à leurs tribunaux à l'égard de violations graves des règles contenues dans ces instruments. Il s'agit par exemple de la Convention de La Haye de 1954 relative à la protection des biens culturels dans les situations de conflits armés et son deuxième Protocole de 1999, de la Convention des droits de l'Homme de 1984 contre la torture et autres peines ou traitements cruels, inhumains ou dégradants et la Convention internationale de 2006 pour la protection de toutes les personnes contre les disparitions forcées. Il s'agit également des violations graves de l'article 3 commun aux Quatre Conventions de Genève de 1949 et du Protocole additionnel II ; et ce, en plus des autres crimes de guerre, tels que ceux énumérés à l'article 8 du Statut de la Cour Pénale Internationale. En outre, la pratique des États et l'*opinio juris* ont contribué à consolider cette règle coutumière mentionnée ci-haut relative à la Compétence Pénale Universelle (CPU). Par ailleurs, dans les pratiques, au cours des vingt dernières années, des tribunaux nationaux, dans certains États ayant adopté la

[5] Union Interparlementaire, *op. cit.* p.101.

législation requise, se sont fondés à plusieurs reprises sur ce principe de droit international pour juger des individus soupçonnés d'avoir commis des crimes de guerre et d'autres crimes internationaux dans le cadre de Conflits Armés Internationaux et Non Internationaux.

Pour la République Centrafricaine, au titre de l'année 2022, la Division des Droits de l'Homme des Nations Unies en Centrafrique en est arrivée au décompte suivant : « 1300 civils ont subi des violations des droits de l'homme et du Droit International Humanitaire de la part des groupes armés et des acteurs étatiques. Parmi ces victimes, 401 ont subi des violations multiples »[6]. Grâce aux rapports de cette Division, on peut aisément se rendre compte de l'ampleur de ces violations malgré la signature de l'Accord Politique pour la Réconciliation et la Paix en RCA (APPR-RCA). Ces multiples violations sont caractérisées par les assassinats, les meurtres, les déplacements des populations, les barrières illégales, les attaques délibérées contre les populations civiles, les viols sur les femmes et les jeunes filles, les pillages des biens publics et privés, principalement, dans les zones de la partie ouest du pays, notamment, dans les préfectures de l'Ouham, de l'Ouham Pende et dans le nord-est en occurrence dans les préfectures du Mbomou et Haut-Mbomou[7]. Ont été effectivement relevés dans ces rapports, de nombreux abus et violations des droits de l'homme et du DIH commis par ceux-là mêmes qui ont souscrit à l'APPR-RCA (FPRC, UPC, MPC, Coalition FPRC/MPC, 3R, FDPC, RJ et *antibalaka*). Il en va de même pour ceux qui ont été commis par les groupes armés non signataires de l'APPR-RCA (LRA, MNLC, Siriri, Foulanis armés, les nébuleux groupes de PK5[8] et autres groupes armés non identifiés). On n'oubliera pas, en outre, les mêmes violations et abus perpétrés par certains membres des forces armées de l'État[9].

---

[6] MINUSCA, Division des Droits de l'Homme, *op. cit.* p. 2 et suiv.

[7] *Ibid.*

[8] PK5 : quartier commerçant d'audience arabe et musulmane, situé à 5 kilomètres du centre de la ville de Bangui.

[9] *Ibid.*

B. La responsabilité pénale individuelle pour crimes de guerre

Il est de principe que toutes les parties à un Conflit Armé Non International comme en République Centrafricaine, liées par les règles — conventionnelles ou coutumières du DIH, notamment, l'article 3 commun, le Protocole additionnel II et subsidiairement l'article 8 du Traité de Rome portant statut de la CPI — respectent toutes ces règles dans leur conduite d'hostilité. Sont également concernés, les membres des Groupes Armés Non-Étatiques. C'est pourquoi aujourd'hui, la consécration de l'individu comme sujet de droit international ne fait pas de doute.

Selon l'article 87 du Protocole Additionnel I, les responsables militaires doivent empêcher la commission des infractions graves aux règles du DIH et en cas de besoin, de les réprimer et de les dénoncer aux autorités compétentes, de s'assurer que les membres des forces armées aient connaissance de leurs obligations en vertu des règles du DIH, d'empêcher leurs subordonnés de les commettre, ou lorsqu'ils ont commis des infractions, de prendre des initiatives de sanctions disciplinaires et/ou pénales appropriées contre leurs éventuels auteurs.

Par conséquent, il est important, voire indispensable d'intégrer cet ensemble de règles dans tous les domaines militaires pertinents : au moment de la formation juridique, à l'entraînement sur le terrain, et dans le système de sanction. C'est pourquoi des doctrinaires comme Céline Renaut insistent sur le droit disciplinaire, en convenance avec le Droit International Humanitaire, tout en distinguant deux catégories de ces sanctions disciplinaires. La première couvre les sanctions que l'auteur qualifie de communes, visant les « devoirs et responsabilités du militaire au combat ». La seconde permet de punir « les ordres prescrivant d'accomplir un acte manifestement illégal et la tolérance du supérieur à l'égard d'un tel acte »[10].

Étant donné le fait que les forces armées étatiques sont de plus en plus sollicitées à intervenir dans la lutte antiémeute, en situation parfois autre que celle de conflit armé conformément à la qualification technique du DIH, celles-ci sont généralement

---

[10] Céline Renaut, *op. cit.* p. 1-6.

confrontées au flou existant aux frontières du droit et du politique. Ce flou est constitutif de facteurs pouvant influencer sérieusement « le parcours décisionnel » en termes de « clarification juridique » des conflits armés et aussi en termes de catégories de « personnes protégées » comme le démontre si bien Céline Renaut[11]. Il n'y a pas de doute aujourd'hui que la plupart des membres des forces armées appelées « militaires » au sens strict du terme, mais « combattants » au sens large, disposent sur eux en campagne « d'un code de conduite en format de poche ». Cela peut paraître incroyable ou étonnant. Mais il est vrai que la quasi-totalité des membres des forces armées gouvernementales en Centrafrique en dispose. Il est connu que les forces armées ont un rôle dévolu par les constitutions, qui consiste essentiellement à défendre le territoire national contre les dangers extérieurs. Mais aujourd'hui, elles sont beaucoup plus portées à confronter les forces rebelles à l'intérieur de leur propre territoire national. Et dans ce cadre, ils ont des obligations quant au respect des règles du Droit International Humanitaire non seulement, mais en vertu de la responsabilité pénale individuelle qui leur incombe en tant qu'acteurs ou protagonistes. Selon Anne-Marie La Rosa, il s'agit d'une « Règle du droit pénal international aux termes de laquelle tout auteur d'un fait qui constitue une infraction internationale est responsable de ce chef et est passible d'un châtiment qui est prononcé, selon le cas, par un tribunal interne ou une juridiction pénale internationale »[12]. Ceci dit, c'est une règle qui s'applique aux individus de la même manière que les États se rendent coupables en vertu de leur responsabilité internationale pour violations des règles du DIH et du DIDH.

Du point de vue historique, s'il est souvent avancé par les uns que ce principe de la responsabilité pénale internationale est apparu, pour une première « incrimination internationale » avec le crime de piraterie, pour d'autres, les premières manifestations de la responsabilité pénale internationale des individus ont eu lieu lors de la Conférence de la paix tenue à Paris en 1919, visant à juger des accusés issus des Puissances vaincues devant un tribunal international, notamment le kaiser allemand Guillaume II. C'est

---

[11] Céline Renaut, *op. cit.*

[12] Anne-Marie La Rosa, *Dictionnaire de droit international pénal*, Graduate Institute Publications, collection International, Genève, 1998, p. 5 et suiv.

ainsi que fut créée « la Commission des responsabilités des auteurs de la guerre et sanctions » avec pour mandat, et entre autres charges, de produire des rapports sur ses activités. Effectivement, un de ces rapports va très clairement recommander la création d'un tribunal pénal international. Ainsi, le Traité de Versailles va servir de tremplin à la mise en place ultérieure des tribunaux pénaux à Nuremberg et à Tokyo après la seconde guerre mondiale[13].

Cette applicabilité aux individus a été affirmée depuis Nuremberg[14] et s'est poursuivie jusqu'au statut de Rome de la Cour Pénale Internationale, en passant par les statuts des Tribunaux Pénaux Internationaux *ad hoc*. Il est donc admis, depuis longtemps, que le droit international impose des devoirs et des responsabilités aux personnes physiques comme les commandants militaires[15], les subordonnés ou encore les civils, pris individuellement. D'ailleurs, ce parcours de l'affirmation de ladite règle est constitué d'un large éventail de sources telles que répertoriées par Thomas Graditzky[16]. Ces sources sont la pratique et les opinions étatiques contenues dans diverses déclarations officielles, dans des « manuels militaires » — comme celui de l'Allemagne de 1992 — qui prennent en compte l'article 3 commun aux Conventions de Genève de 1949 et le Protocole Additionnel II de 1977 dans ses dispositions relatives aux infractions graves au droit international humanitaire, les législations nationales comme le code pénal centrafricain de 2010, la jurisprudence des tribunaux nationaux comme celle de la Cour Criminelle de Bangui en Centrafrique, les résolutions du Conseil de Sécurité, les Statuts des Tribunaux Pénaux Internationaux *ad hoc*, le

---

[13] Lison Néel, « La judiciarisation internationale des criminels de guerre : la solution aux violations graves du droit international humanitaire? » Criminologie, 33 (2), 2000, p. 151-181.

[14] Tribunal militaire international de Nuremberg, in *Procès des grands criminels de guerre devant le tribunal militaire international*, tome I, Nuremberg, 1947, p. 235.

[15] Nasser Zakhr, « La responsabilité du supérieur hiérarchique devant les tribunaux pénaux internationaux », *Revue Internationale de Droit Pénal*, 2002/1, vol. 73, p. 59-80.

[16] Thomas Graditzky, « La responsabilité pénale individuelle pour violation du droit international humanitaire applicable en situation de conflit arme non international ». [En ligne]. Disponible sur : Disponible sur : https://international-review.icrc.org/sites/default/files/S0035336100062973a.pdf. Consulté le 15.06.2023.

Statut de Rome de la CPI et les travaux de la Commission du Droit International (CDI) des Nations Unies.

Rappelons que bien avant 1949 puis 1977, la question de la criminalisation des violations graves des règles de Droit International Humanitaire s'était posée en termes de respect de la souveraineté internationale des États. Il était donc plus facile de comprendre la poursuite des criminels de guerre pour les situations de Conflits Armés Internationaux que pour celles des Conflits Armés Non Internationaux puisque dans ces derniers cas, les conflits se déroulent à l'intérieur des frontières étatiques. Mais petit à petit, la judiciarisation internationale des criminels de guerre s'est imposée comme une solution aux violations graves du Droit International Humanitaire[17]. En effet, « Les Nations Unies ont doté peu à peu la communauté internationale de traités, de conventions ou de principes engageant la responsabilité pénale internationale des individus pour permettre l'amélioration du respect des droits de l'homme les plus fondamentaux, afin d'éviter, à tous, les atrocités, la torture ou l'arbitraire »[18]. Il a fallu donc mettre sur pied des mécanismes de mise en œuvre d'une justice pénale internationale à travers les Tribunaux Pénaux Internationaux *ad hoc* du Conseil de Sécurité et la Cour Pénale Internationale, juridiction permanente, dans l'optique d'une complémentarité aux juridictions pénales nationales.

Aujourd'hui, la République Centrafricaine, non seulement est partie au Statut de Rome de 1998 de la Cour Pénale Internationale, — en plus de ce qu'elle dispose d'une Cour Pénale Spéciale au caractère hybride — mais bénéficie également de la compétence de ses propres juridictions pénales ordinaires qui peuvent poursuivre les crimes de guerre, les crimes contre l'humanité et le génocide. Pourtant, il est aisément constatable que peu sont les individus suspects d'avoir commis ces différents crimes internationaux qui sont poursuivis.

Or, depuis quelques années, la généralisation des violations du Droit International Humanitaire est devenue si systématique que l'on se pose la question de l'origine de tels comportements chez les combattants centrafricains et étrangers en Centrafrique. La réponse

---

[17] Lison Néel, *op.cit.*, p. 151-181.

[18] *Ibid.*

se trouverait peut-être dans le conformisme au groupe comme dirait l'autre en ces termes : « Les combattants sont soumis à des phénomènes de comportement de groupe qui entraînent la dépersonnalisation, la perte de l'indépendance et un fort conformisme. Cette réalité est favorable au processus de dilution de la responsabilité individuelle du combattant dans la responsabilité collective de son unité de combat »[19]. La faute individuelle est ainsi rejetée sur le groupe auquel il appartient. Ainsi, s'entend-on dire : « Par nature, l'individu n'est pas un tueur, le groupe l'est. De nombreuses études ont montré que les hommes au combat ne sont généralement pas motivés par la haine ou la peur, mais par la pression du groupe, par l'estime pour leurs camarades, par le souci d'une certaine défense de leur réputation collective et par la volonté de contribuer aux succès du groupe. Le combattant n'est plus un individu totalement autonome, mais il est soumis aux règles du groupe »[20].

Cependant, de tels arguments peuvent-ils justifier un tel niveau de barbarie qui caractérise les crimes qu'ils commettent ? La réponse à cette question est certainement négative en vertu d'un certain devoir de conscience publique qui, par nature, anime toute personne respectueuse de la dignité humaine. Il y va du respect des « principes de l'humanité » et des « exigences de la conscience publique » conformément à la clause de Martens[21]. A cet effet, ils doivent payer et répondre judiciairement de leurs actes ignobles. L'argument d'appartenance et de conformisme au groupe ne peut donc prospérer.

Malheureusement dans cette noble mission de poursuites judiciaires, les organes qui en sont chargés montrent d'importantes limites.

---

[19] Daniel Muñoz-Rojas et Jean-Jacques Frésard, *Origines du comportement dans la guerre, comprendre et prévenir les violations du DIH*, CICR, octobre 2004, p. 6.
[20] *Ibid.*
[21] Pour plus d'informations sur la clause de Martens voir : Convention de la Haye IV, Préambule, paragraphes 8 et 9 ; Convention de Genève I-IV, articles 63, 62, 142 et 158 ; Protocole Additionnel I, article 1 ; Protocole Additionnel II, Préambule, paragraphe 4.

Section 2 : Les limites des organes judiciaires chargés de la répression

La plus grande contrainte, qui constitue d'ailleurs un très grand défi pour le pays, est de pouvoir allier justice et pardon. C'est toute la problématique d'une efficace justice transitionnelle en République Centrafricaine. L'espoir est tourné vers les juridictions spécialisées dans le domaine comme la Cour Pénale Spéciale de la République Centrafricaine et la Cour Pénale Internationale en plus desquelles on peut évoquer la CVJRR qui est un organe non juridictionnel.

Dans les lignes qui suivent, seront analysées les limites de la répression judiciaire internationale sur la situation en Centrafrique (Paragraphe 1) et celles de la répression judiciaire nationale (Paragraphe 2).

Paragraphe 1 : Les limites de la répression judiciaire internationale

L'exemple de l'affaire Jean Pierre Bemba, qui a fini par la relaxe pure et simple de l'accusé pour des crimes commis par les éléments de son groupe armé, le MLC, a laissé perplexe et a donné à réfléchir sur les limites du mécanisme de répression qu'est la CPI (A). En plus de cela, les critiques formulées par certains États africains sur la partialité ou le manque de crédibilité de ladite Cour mettent en lumière les limites qui sont les siennes (B).

A. L'exemple de l'Affaire Jean Pierre Bemba

Au sujet des crimes commis sur le territoire de la République Centrafricaine, il convient de rappeler que le Procureur de la CPI a, tout d'abord, reçu plusieurs « communications » ou « plaintes » venant en particulier de la Fédération Internationale des Droits de l'Homme (FIDH). Puis, le Président de la République, François Bozizé, par le biais d'une correspondance adressée le 21 décembre 2004, a déféré la situation au Procureur de la CPI. Il a fallu attendre deux ans après cette saisine pour que celui-ci annonce en date du 21 mai 2007, l'ouverture d'une enquête pour les crimes commis en 2003 et 2006 sur le territoire de ce pays.

Si l'on s'en réfère aux renseignements recueillis par le Bureau du Procureur de la CPI entre décembre 2012 et août 2014, la situation en République Centrafricaine a fait l'objet de traitements devant la CPI de manière progressive. Mais c'est à partir du 09 décembre 2013 qu'on a vu apparaître une accélération de la considération de cette situation par le Procureur de la CPI. En effet, trois déclarations ont été publiées par celui-ci au cours de l'année 2013 au sujet de l'assignation de la situation en République Centrafricaine devant la Chambre Préliminaire II, le 18 juin 2014. Dans ses propos, après avoir annoncé qu'il analysait la situation en République Centrafricaine depuis la fin de l'année 2012, celui-ci avait fait part de sa préoccupation le 9 décembre 2013 face aux événements qui secouaient alors le pays, puisque des crimes graves continuaient d'y être perpétrés. Il exhorta alors toutes les parties impliquées dans le conflit, notamment les éléments de la *Séléka* et les miliciens *antibalaka*, à cesser les attaques contre la population civile. Il leur demanda de cesser de commettre des crimes sous peine d'être visés par une enquête et d'être poursuivis par son Bureau.

Mais devant l'ampleur des violences, il dut préciser le 7 février 2014 que les événements et les crimes graves susceptibles de relever de la compétence de la Cour constituaient une nouvelle situation, distincte de celle qui avait été déférée par les autorités centrafricaines en décembre 2004, ouvrant ainsi la voie à un nouvel examen préliminaire sur ce pays[22]. Entretemps, le 30 mai 2014, le gouvernement de transition de la République Centrafricaine déférait « la situation (…) sur le territoire de la République Centrafricaine depuis le 1er août 2012 » au Procureur en vertu de l'article 14 du Statut de la Cour. Cette situation couvrait des crimes présumés à la fois des groupes *séléka* et des groupes *antibalaka*.

Les violences ont entraîné des milliers de morts et le déplacement de centaines de milliers de personnes, amenant donc le 24 septembre 2014, Madame Fatou Bensouda, Procureur de la CPI à ouvrir une enquête sur cette situation. L'ouverture de l'affaire concerne

---

[22] Cour Pénale Internationale, « Situation en République Centrafricaine II », *Rapport établi au titre de l'article 53-1, Résumé analytique,* 24 septembre 2014. Disponible sur : https://www.icc-cpi.int/iccdocs/otp/Art_53_1_Report_CAR_II_24Sept14_FRA.pdf. Consulté le 08.12.2021.

aujourd'hui Messieurs Alfred Yekatom et Patrice-Edouard Ngaïssona et a permis à la Cour d'amorcer un procès en février 2021. Cette même année, c'est-à-dire le 24 janvier 2021, Monsieur Mahamat Saïd Abdel Kani, commandant en second du chef du groupe rebelle UPC de Monsieur Ali Darassa, connu également sous les noms de « Mahamat Said Abdel Kani » et de « Mahamat Saïd Abdelkani », a été remis à la Cour Pénale Internationale par les autorités de la République Centrafricaine en raison d'un mandat d'arrêt de ladite Cour. Ce mandat a été délivré sous scellés le 7 janvier 2019[23]. Rappelons que Monsieur Saïd est suspecté de crimes de guerre et de crimes contre l'humanité présumés qui auraient été commis à Bangui en 2013. Ainsi, lors de la délivrance du mandat d'arrêt, le juge unique de la Chambre préliminaire II, Monsieur Rosario Salvatore Aitala a estimé qu'il y avait des motifs raisonnables de croire qu'un conflit armé ne présentant pas de caractère international était en cours sur le territoire de la République Centrafricaine entre mars 2013 et janvier 2014 entre la *Séléka*[24] et les *Antibalaka*[25]. De plus, le juge unique a estimé qu'il existait des motifs raisonnables de croire que de mars 2013 à janvier 2014 au moins, une attaque généralisée et systématique a été menée par des membres de la *Séléka* contre la population civile, et par les personnes perçues comme étant collectivement responsables ou complices ou apportant leur soutien aux actes de l'ancien gouvernement de François Bozizé et, par la suite, aux actes des miliciens *antibalaka*.

Comme cela apparaît clairement, la République centrafricaine est une terre de conflits armés endémiques[26]. Ainsi, elle a connu plusieurs périodes de conflit armé depuis son indépendance en 1960. Mais le conflit militaro-politique de 2013 a marqué le *summum* de

---

[23] Voir le site de la Cour Pénale Internationale.

[24] *Séléka* : à titre de rappel, il s'agit d'une coalition de groupes armés principalement composée de musulmans opposés à l'ancien Président François Bozizé.

[25] *Antibalaka* : à titre de rappel, il s'agit d'un mouvement opposé à la *séléka* qui soutenait l'ancien Président François Bozizé.

[26] Khalid Chegraoui, « La République centrafricaine : un conflit1 endémique et de nouveaux acteurs », *Policy Brief*, Juillet 2019, 9 p. [En ligne]. Disponible sur : www.policycenter.ma. Dernière consultation le 18.04.2024.

ces conflits. Elle a ratifié le Traité de Rome en 2001 et adhéré à l'Accord sur les privilèges et immunités en 2006. En 2007, la Cour Pénale Internationale a ouvert une enquête (RCA 1) pour allégations de crimes de guerre et crimes contre l'humanité, commis entre 2002 et 2003. Face à la reprise des violences en 2013, le procureur de la CPI a ouvert une deuxième enquête (RCA II), visant cette fois les crimes de guerre et crimes contre l'humanité depuis août 2012.

Toutefois, la situation centrafricaine n'a pas été la seule à être déférée devant la CPI. Plusieurs affaires judiciaires portées devant elle, concernent également des situations de quelques autres États africains. Or, tout ceci ne se passe pas sans critique. C'est donc dans un contexte à la fois critique et évolutif que la question de sa légitimité internationale va être confrontée à des contestations de plus en plus grandissantes.

B. Le découragement des États africains au sujet de la Cour Pénale Internationale

C'est à partir de 2017 que des voix se sont mises à s'élever au sujet de la légitimité de la Cour Pénale Internationale quant à la poursuite et à la sanction des auteurs des crimes internationaux entrant dans sa compétence. Plusieurs tentatives de retrait ont été initiées et des mécontentements ont été manifestés par certains États africains. Il s'agit d'États comme la Gambie, l'Afrique du Sud et le Burundi qui dénoncent l'impartialité caractérisant la Cour au regard des affaires judiciaires orientées uniquement vers les ressortissants africains alors que celle-ci entretient une certaine impunité à l'égard d'États puissants comme les États-Unis, Israël ou le Royaume-Uni[27].

Rappelons que la Cour Pénale Internationale, dont le siège se trouve à La Haye aux Pays-Bas, poursuit les individus au contraire de la Cour Internationale de Justice (CIJ), dont le siège se trouve également à La Haye et qui ne traite que des différends entre États. Il s'agit donc des individus ayant été soupçonnés d'avoir commis les crimes les plus graves qui touchent l'ensemble de la communauté

[27] Voir Jordan Goulet, « La Cour pénale internationale face au défi des contestations africaines sur sa légitimité », *Revue québécoise de droit international*, Volume 32, Numéro 2, 2019, p. 107-126.

internationale, à savoir le crime de génocide, le crime contre l'humanité, les crimes de guerre et le crime d'agression.

La CPI est subsidiaire ou complémentaire des juridictions nationales. Ceci signifie, à titre de rappel, qu'elle intervient uniquement si les autorités nationales compétentes n'ont pas la volonté ou la capacité de mener véritablement à bien et de manière sérieuse, l'enquête ou les poursuites. La CPI a été instituée sur la base du Statut de Rome, entré en vigueur en 2002. La République Centrafricaine, État Partie, a ratifié le statut de la CPI le 03 avril 2001, sachant que c'est en juillet 2002 que ledit statut est entré en vigueur après avoir obtenu les soixante ratifications requises.

N'oublions pas que l'idée d'une justice pénale internationale est née après la Première Guerre Mondiale. Mais ce n'est qu'à partir de la fin de la Seconde en 1945 qu'ont été établies les premières instances internationales de justice pénale à travers les tribunaux militaires internationaux de Nuremberg et de Tokyo aux fins de connaître des crimes de guerre, des crimes contre la paix et des crimes contre l'humanité pendant la seconde Grande Guerre. Cinquante ans plus tard, la question était revenue vers la fin de la guerre froide. Mais entretemps, les atrocités en ex-Yougoslavie et au Rwanda avaient incité les Nations Unies à créer les TPI-*ad hoc* en 1993 et 1994 respectivement sur les situations en ex-Yougoslavie et au Rwanda. Les discussions qui ont suivi ont abouti à l'adoption du statut de la CPI en juillet 1998 à Rome. Puis le Traité est entré en vigueur en juillet 2002. De manière générale, la répression internationale s'effectue aujourd'hui à travers trois types de mécanismes juridictionnels en plus de l'institutionnalisation de la CPI : les Tribunaux Internationaux *ad hoc* (TPIY et TPIR), les Tribunaux Mixtes ou hybrides (TSSL et TSL), les Chambres extraordinaires (Serbie et la Bosnie Herzégovine et les Chambres africaines extraordinaires au Sénégal) et les Chambres spéciales (Cambodge).

Les crimes relevant du statut de la CPI sont constitués par des actes visés par les Conventions de Genève de 1949 et les Protocoles Additionnels de 1977. Il s'agit des crimes tels que prévus au statut de Rome de la CPI, notamment dans les dispositions de ses articles 7 et 8.

Il s'agit d'abord du crime de génocide défini à l'article 6 du statut de la Cour comme étant l'un quelconque des actes commis dans l'intention de détruire, en tout ou en partie, un groupe national, ethnique, racial ou religieux, à savoir le meurtre de membres du groupe, le fait de causer une atteinte grave à l'intégrité physique ou mentale de membres du groupe, la soumission intentionnelle du groupe à des conditions d'existence devant entraîner sa destruction physique totale ou partielle et le fait d'imposer des mesures visant à entraver les naissances au sein du groupe, le transfert forcé d'enfants du groupe à un autre groupe. Cette définition renforce l'article 2 de la Convention de 1948 pour la prévention et la répression du crime de génocide.

Ce sont ensuite les crimes contre l'humanité, définis à l'article 7 comme des actes commis dans le cadre d'une attaque généralisée ou systématique, lancée contre toute population civile et en connaissance de cette attaque, à savoir le meurtre, l'extermination, la réduction en esclavage, la déportation ou le transfert forcé de population, l'emprisonnement ou une autre forme de privation grave de liberté physique en violation des dispositions fondamentales du droit international. Ces actes sont complétés par d'autres, commis en lien avec tout acte visé à l'article 7 comme la torture, le viol, l'esclavage sexuel, la prostitution forcée, la grossesse forcée, la stérilisation forcée ou toute autre forme de violence sexuelle de gravité comparable, la persécution de tout groupe ou de toute collectivité identifiable pour des motifs d'ordre politique, racial, national, ethnique, culturel, religieux ou sexiste ou en fonction d'autres critères universellement reconnus comme inadmissibles en droit international, les disparitions forcées de personnes, le crime d'apartheid ainsi que d'autres actes inhumains de caractère analogue, causant intentionnellement de grandes souffrances ou des atteintes graves à l'intégrité physique ou à la santé physique ou mentale.

Il s'agit enfin des crimes de guerre décrits à l'article 8 et qui déterminent la compétence de la CPI. En réalité, il s'agit plus précisément des actes constituant les violations graves des lois et des coutumes de la guerre, applicables dans les situations de Conflits Armés Internationaux. Ces actes sont ceux commis contre des personnes ne participant pas ou plus aux hostilités ou placées hors de combat (les prisonniers de guerre). Mais il s'agit, en plus, des actes constitutifs de violations graves de l'article 3 commun aux Quatre Conventions de Genève de 1949 c'est-à-dire des actes constituant des violations graves des lois et coutumes de la guerre applicables aux conflits armés ne présentant pas un caractère international. La liste des actes énumérés à l'article 8 comprend le viol, l'esclavage sexuel, la prostitution forcée, la grossesse forcée, la stérilisation forcée et toute autre forme de violence sexuelle. Lors de la Conférence de révision du Statut de la CPI, tenue en 2010, l'article 8 a été modifié de façon à inclure l'utilisation, dans les Conflits Armés Non Internationaux, d'armes chimiques ou de balles qui s'épanouissent — les balles « *dum dum* » — dans la définition des crimes de guerre. L'utilisation de ces armes dans les Conflits Armés Internationaux constituait déjà un crime de guerre au sens du statut de la CPI.

Par contre, certaines autres infractions graves aux Conventions de Genève de 1949 et aux Protocoles Additionnels de 1977 ne sont pas expressément mentionnées à l'article 8 du statut de la CPI, notamment le retard injustifiable dans le rapatriement des prisonniers de guerre, des pratiques relevant de l'apartheid — bien que l'apartheid soit considéré en soi comme un crime contre l'humanité — et les attaques menées sans discrimination contre des installations contenant des forces dangereuses susceptibles d'avoir des répercussions sur les civils ou les biens civils[28].

En outre, il y a le crime d'agression, apparaissant dans les dispositions de l'article 8 *bis*. Ces dispositions font l'objet d'un ajout qui a été fait au statut de Rome. En effet, lors de la Conférence de révision de la CPI de 2010, des amendements ont été adoptés, lesquels ajoutent le crime d'agression à la mise en œuvre du statut de la CPI. Ce crime se réfère à la planification, la préparation, le lancement ou l'exécution d'un acte d'agression par une personne occupant une position dirigeante[29]. Ainsi, est défini comme un acte d'agression, l'emploi par un État de la force armée contre la souveraineté, l'intégrité territoriale ou l'indépendance politique d'un autre État lorsque cet acte n'est pas motivé par des considérations de légitime défense et n'a pas été autorisé par le

[28] On trouvera un tableau des crimes considérés comme des crimes de guerre au sens du Statut de la CPI et leur source sur le site du CICR.

[29] Union Interparlementaire, *Droit International Humanitaire, Guide à l'usage des Parlementaires n°25*, CICR, 2016, p. 58 et suiv.

Conseil de Sécurité de l'ONU : les considérations du *jus ad bellum* obligent.

Par ailleurs et dans l'optique ci-haut, les amendements de Kampala reconnaissent comme actes d'agression, l'invasion, l'occupation militaire, ou l'annexion par la force, du territoire d'un autre État, le bombardement du territoire d'un autre État ou l'utilisation d'armes contre le territoire d'un autre État, le blocus des ports ou des côtes d'un autre État, l'attaque par les forces armées d'un État des forces terrestres, maritimes ou aériennes, ou des flottes aériennes et maritimes d'un autre État, l'emploi des forces armées d'un État qui se trouvent dans le territoire d'un autre État avec l'agrément de celui-ci en contravention avec les conditions fixées dans l'accord pertinent, le fait de mettre le territoire d'un État à la disposition d'un autre État pour permettre la commission d'un acte d'agression contre un État tiers et l'envoi de bandes, groupes, troupes irrégulières ou mercenaires armés pour exécuter des actes d'agression contre un autre État[30].

Mais que s'est-il passé pour qu'apparaisse cette méfiance ou ce manque de confiance à l'égard de cette institution en qui tous les espoirs étaient placés à savoir la Cour Pénale Internationale ? Il est évident que l'engouement du début envers le Traité de Rome s'est peu à peu dissipé. Il suffit entre autres, de lire Jordan Goulet[31] dans son œuvre consacrée à cet effet, pour en avoir la conviction. Comme connu de tous, plusieurs États comme la Gambie, l'Afrique du Sud et le Burundi — reconnus pour être en tête de liste — ont initié des procédures pour leur retrait du Traité de Rome afin de quitter la Cour Pénale Internationale, en arguant de la mauvaise gestion des affaires judiciaires de la Cour. Celle-ci, selon eux, manquerait d'impartialité et contribuerait à favoriser l'« impunité criminelle » des pays occidentaux, à l'exemple des États-Unis d'Amérique, d'Israël et du Royaume-Uni, pour ne citer que ceux-là.

La poursuite judiciaire au plan national n'est pas exempte de critiques aussi.

---

[30] Statut de Rome de la Cour Pénale Internationale, article 8 *bis*.

[31] Jordan Goulet, « La Cour Pénale Internationale face au défi des contestations africaines sur sa légitimité », *Revue Québécoise de Droit International*, vol. 32, n°2, 2019, p. 107-126.

Paragraphe 2 : Les limites de la répression judiciaire nationale

Sur le plan national, les insuffisances de la répression des infractions graves aux règles du Droit International Humanitaire sont bien perceptibles dans le peu de résultats de la Cour Criminelle de Bangui (A) et de la Cour Pénale Spéciale à l'étape actuelle de son évolution (B).

A. L'insuffisance des jurisprudences de la Cour Criminelle de Bangui

Sur le plan de l'application judiciaire nationale du Droit International des Droits de l'Homme et du Droit International Humanitaire coutumier, les premières condamnations pénales pour des infractions graves commises pendant les différents conflits armés en Centrafrique ont été prononcées par les juridictions pénales centrafricaines sur la base du Code pénal et du Code de procédure pénale centrafricains[32]. Ces décisions judiciaires constituent deux principales sources jurisprudentielles dont nous faisons un rappel du contexte historique. En effet, lors des conflits armés militaro-politiques en Centrafrique à partir de 2013 ayant opposé les forces coalisées rebelles de la *Séléka* aux forces miliciennes *antibalaka*, des exactions graves ont été commises sur tout l'ensemble du territoire centrafricain. Celles-ci ont entraîné des milliers de déplacés internes et de réfugiés dans les pays frontaliers du pays. Les infractions en question relèvent aussi bien des législations internes que du Droit International Humanitaire. Cela explique d'ailleurs la création de la Cour Pénale Spéciale qui se veut complémentaire, non seulement, de la Cour Pénale Internationale, mais, qui s'est donnée également la primauté sur les juridictions pénales ordinaires du pays. Il est difficile d'obtenir les copies des décisions de justice, y compris en matière pénale, en République Centrafricaine, et ce, pour deux raisons essentielles. La première tient au fait que le paysage juridique n'a pas l'habitude de disposer de recueils de jurisprudence qui sont conçus et publiés de façon systématique même si les Partenaires Techniques et Financiers

[32] Loi n°10.001 du 10 janvier 2010, portant Code Pénal centrafricain et la Loi n°10.002 du 10 janvier portant Code de Procédure Pénale centrafricain.

soutiennent — quand ils le veulent — la conception de quelques-uns de ces recueils. Ceci constitue une faiblesse qu'il est important de souligner.

La seconde raison ramène souvent aux crises militaro-politiques dont l'une des manifestations systématiques est le pillage généralisé des biens aussi bien publics que privés. Cela entraîne comme conséquence la non-disponibilité des archives des juridictions y compris en ce qui concerne le Tribunal Militaire Permanent. C'est le cas d'ailleurs de tous les services de l'État. Ces deux jurisprudences pénales, portant sur les violations des dispositions des Conventions de Genève de 1949, prononcées par la Cour criminelle de Bangui, permettent de confirmer qu'il y a certainement une prise en charge de la répression pénale, même si cet effort n'est, malheureusement pas suffisamment, porté à la connaissance du public. Il s'agit, en occurrence, des *Affaires Ministère Public et autres contre Ngaïbona Rodrigue alias Général Andjilo*[33] et *Ministère Public, Gomino, Zoumara, Jamou Modeste contre Bomsé Oscar, Ouilibona Guy et Yankoissé Jésus Paterson*[34]. Il ne faudrait pas oublier que dans les deux cas, les infractions en cause relèvent en principe à la fois de la législation nationale que de la justice pénale internationale. Cela explique d'ailleurs la création de la Cour Pénale Spéciale, rappelons-le. C'est donc fort de cela qu'une session de la Cour criminelle de Bangui a siégé en application de la Décision n°035.17 du 13 décembre 2017 du Ministre de la Justice, Garde des Sceaux. Parmi les faits reprochés aux accusés, il y a la détention illégale d'armes et de munitions de guerre. Le principal accusé a été condamné à une peine de travaux forcés à perpétuité en application des dispositions pertinentes des articles 53, 411, 412, 163, 166, 167, 06, 97 et 259 du Code Pénal centrafricain.

En somme, dans cette phase à mi-chemin entre sortie de crise et reconstruction post-conflit, les juridictions nationales, à l'instar de toutes les autres institutions de la République, ont du mal à fonctionner efficacement et ont également de la peine à offrir leurs

---

[33] Cour Criminelle de Bangui, *Arrêt n°003 du 22 janvier 2018, Aff. MP et autres c/NGAIBONA Rodrigue alias Général ANDJILO,* Répertoire n°003 de l'année 2018.

[34] Cour Criminelle de Bangui, *Arrêt n°12 de février 2018,* Répertoire n°14 de l'année 2018.

services sur tout le territoire national, du fait de l'insécurité et de l'absence de l'autorité de l'État. Heureusement, ce vide causé par la faiblesse de l'appareil judiciaire devrait pouvoir être comblé, en vertu du principe de complémentarité, par la Cour Pénale Internationale. Mais en plus, la mise en place de la Cour Pénale Spéciale devrait apporter un avantage supplémentaire dans cette lutte contre l'impunité des violations graves des règles de Droit International Humanitaire. Or, cela ne semble malheureusement pas en être le cas en l'état actuel des choses.

Cette insuffisance remarquée des jurisprudences des juridictions pénales ordinaires est complétée par la lente opérationnalisation de la Cour Pénale Spéciale.

B. La lente opérationnalisation de la Cour Pénale Spéciale

La Cour Pénale Spéciale est créée pour juger les responsables des violations graves des Droits de l'Homme et du Droit International Humanitaire. Cette compétence s'exerce en complément des procédures menées par la Cour Pénale Internationale et sans priver de leur compétence, les juridictions pénales centrafricaines ordinaires, même si elle a la primauté sur elles.

Établie par une loi nationale[35], elle est chargée d'appliquer aussi bien le droit pénal international que le droit pénal national, du moins, en ce qui concerne les dispositions non contradictoires entre les deux régimes juridiques. Voici, en théorie, un « modèle novateur » sur l'échiquier de la justice pénale internationale[36]. Ainsi, elle est composée de juges internationaux et nationaux. Elle est compétente pour enquêter, instruire et juger les violations graves des droits humains et du Droit International Humanitaire commis sur le territoire centrafricain depuis le 1er janvier 2003 conformément au Code Pénal centrafricain et les obligations issues des conventions internationales contractées par l'État centrafricain. Les crimes relevant de sa compétence et faisant l'objet d'enquêtes en cours

---

[35] Voir la Loi Organique n°15.003 du 05 juin 2015 portant création, organisation et fonctionnement de la Cour Pénale Spéciale.

[36] Johanna Guillaumé « La Cour pénale spéciale en République Centrafricaine : un modèle novateur de justice internationale ? », in J. Fernandez (sous la dir. de), *Justice pénale internationale*, Paris, CNRS Éditions, 2016, p. 279-302.

sont : le crime de génocide, les crimes contre l'humanité, les crimes de guerre. Elle peut se référer aux normes substantives et aux règles de procédures établies au niveau international en cas de leur absence au plan local, d'incertitude sur l'application ou l'interprétation d'une règle de droit centrafricain ou encore lorsque se pose la question de la compatibilité du droit centrafricain aux normes internationales. Mais sous réserve de cela, les règles de procédure applicables sont en priorité celles du Code de Procédure Pénale centrafricain.

S'agissant de ses organes, précisons que la CPS est composée d'une chambre d'instruction, d'une chambre d'accusation spéciale, d'une chambre d'assises et d'une chambre d'appel. Elle est constituée de douze magistrats centrafricains et de onze magistrats internationaux, y compris le greffier en chef international. Sous réserve de sa loi organique et de son Code de procédure et de preuve[37], les procédures applicables devant la Cour ont été, du moins provisoirement, celles prévues par le Code de Procédure Pénale centrafricain ainsi que les dispositions du Code pénal centrafricain. C'est une Cour qui est intégrée à l'ordre judiciaire centrafricain. Mais il est prévu qu'elle ne peut prononcer la peine de mort même si cette peine demeure encore dans le Code Pénal centrafricain de 2010 actuellement en vigueur. Une telle contradiction invitait à une probable relecture de ces textes. Heureusement, à travers l'adoption par l'Assemblée Nationale le 27 mai 2022 d'une loi d'abolition, la République centrafricaine est devenue le vingt-quatrième pays africain à abolir la peine de mort.

Enfin, pour la première fois dans l'histoire des tribunaux hybrides, la coopération avec la CPI est prévue et la primauté de juridiction de la CPI est instaurée. Cela permet à la CPS de se désister au profit de la CPI en cas de besoin.

Par ailleurs, les principes traditionnels formant la couche nouvelle du Droit International Pénal sont respectés : responsabilité pénale individuelle, responsabilité des chefs militaires et supérieurs hiérarchiques, absence d'immunité due à la qualité officielle et absence de prescription des peines[38].

---

[37] Voir la Loi portant *Règlement de procédure et de preuve (RPP) devant la Cour pénale spéciale*, promulguée le 2 juillet 2018 après son adoption par le Parlement.
[38] Loi Organique n°15-003 du 03 juin 2015 relative à la création de la Cour Pénale Spéciale, article 58.

Sur le plan pratique, c'est le 22 octobre 2022 que la CPS a tenu sa session inaugurale, occasion qui a été ainsi offerte d'adopter son Règlement Intérieur. Cette session peut être retenue comme le point de départ officiel de l'exécution du mandat de cinq ans renouvelable de cette Cour — le premier renouvellement a été déjà opéré — et être considérée comme le début de ses activités judiciaires. Même si cette juridiction hybride a publié le 4 décembre 2018, la version publique de sa stratégie d'enquête, de poursuites et d'instructions, appuyée par une feuille de route, il faut bien remarquer, malheureusement, que c'est seulement le 31 octobre 2022 qu'elle a rendu un verdict à l'issue de son premier procès concernant l'*Affaire Ministère public contre les présumés auteurs des tueries dans les localités de Lemouna et Koundjili* — localité située dans le Nord-Est de la République Centrafricaine — en 2019. À cette occasion, l'accusé principal, Monsieur Issa Sallet Adoum *alias* Bozizé a écopé de la peine d'emprisonnement à perpétuité tandis que ses coauteurs à savoir Yaouba Ousman et Mahamat Tahir ont été condamnés à 20 ans d'emprisonnement. Les trois hommes ont été rendus coupables des crimes de meurtres en tant que crimes contre l'humanité, de meurtres en tant que crimes de guerre, d'actes inhumains constitutifs de crime contre l'humanité, d'atteintes à la dignité de personnes, notamment. La Cour Pénale Spéciale a porté une attention particulière aux traitements humiliants, dégradants et aux viols, constitutifs de crimes de guerre et de crimes contre l'humanité. Ainsi, elle a déclaré Issa Sallet Adoum *alias* Bozizé, en sa qualité de chef militaire, coupable de viol commis par ses subordonnés à Koundjili dans la Préfecture de l'Ouham-Pendé le 21 mai 2019. Mais elle les a acquittés tous deux du chef de torture en tant que crimes de guerre. Ceci constitue un premier pas à encourager, même s'il reste beaucoup à faire pour que cette Cour montre ses preuves.

Toutefois, pour diverses raisons — probablement de nature politique, financière, voire géopolitique — la question du dynamisme de ces poursuites reste entièrement posée.

CONCLUSION

L'idée qui prévaut dans notre conclusion finale est que la promotion et la protection du Droit International Humanitaire en République Centrafricaine sont perceptibles dans une certaine mesure. Mais elles sont, en réalité, très insuffisantes. Les efforts tendant à rendre la promotion et la protection du Droit International Humanitaire effectives sont présents depuis quelques années. Ceci se voit à travers deux canaux essentiels : la formation et la poursuite judiciaire.

Ainsi, les commandements militaires organisent des formations, même si celles-ci sont très peu développées, à l'intention des recrues dans l'Armée nationale, dans la Gendarmerie Nationale et dans la Police Nationale. La formation au Droit International Humanitaire est plus fréquemment offerte à certains secteurs socio-professionnels grâce au partenariat mis en place entre la Délégation du CICR à Bangui et les enseignants de la Faculté des Sciences Juridique et Politique de l'Université de Bangui. C'est ainsi que des formations de différents types sont organisées à l'intention des corps comme ceux des magistrats, des avocats, des parlementaires pour une meilleure connaissance du Droit International Humanitaire.

Il est évident que les États doivent prendre un certain nombre de mesures, en temps de paix comme en période de conflit armé, pour que leurs obligations découlant du Droit International Humanitaire soient respectées. Ces mesures incluent notamment et à titre de rappel : la répression des crimes de guerre, la protection des emblèmes de la Croix-Rouge et du Croissant-Rouge, l'octroi des garanties fondamentales et judiciaires aux personnes protégées en période de conflit armé, la nomination de conseillers juridiques au sein des forces armées, la diffusion du Droit International Humanitaire, l'identification et la signalisation des personnes, des lieux et moyens de transport protégés, la formation d'un personnel civil et militaire de l'Armée nationale et de la santé qualifié en Droit International Humanitaire.

Certaines de ces mesures sont susceptibles de requérir l'adoption de lois nationales appropriées. Enfin, la création d'une commission nationale de mise en œuvre du DIH ou d'un organe similaire est le nœud gordien de tout système de mise en œuvre réussi. De nombreux États ont créé des commissions nationales de Droit

International Humanitaire ou des organes similaires regroupant différents ministères, organisations et organismes professionnels, ayant des responsabilités ou des compétences en matière de mise en œuvre du Droit International Humanitaire. Ces structures se sont généralement révélées être des moyens efficaces et précieux pour promouvoir la mise en œuvre sur le plan national.

Dans certains pays, les Sociétés nationales de la Croix-Rouge et du Croissant-Rouge peuvent également être à même d'offrir une assistance dans ce domaine. Le Comité International de la Croix-Rouge (CICR), par le biais de ses services consultatifs en Droit International Humanitaire, se tient toujours disposé à fournir aux gouvernements des conseils et de la documentation concernant la mise en œuvre sur le plan national. Est-il besoin de rappeler que les Conventions de 1949 et les Protocoles Additionnels de 1977 mettent l'accent sur la formation des forces armées, obligeant tous États Parties à ces instruments à s'engager à en incorporer l'étude dans les programmes d'instruction militaire ?[39]

Sous le poids des dénonciations de plus en plus accrues des violations du Droit International Humanitaire, mais aussi sous l'influence de l'opinion publique, le CICR et d'autres institutions comme l'Institut de Droit International Humanitaire de San Remo en Italie offrent leurs services aux gouvernements et aux autorités militaires de nombreux pays à travers le monde qui ont pris conscience de l'importance de former au Droit International Humanitaire et qui leur en ont fait la demande. Cette prise de conscience s'étend jusqu'à la nécessité de rédiger ou de réviser les manuels militaires et de développer les lois pénales nationales sanctionnant les violations du Droit International Humanitaire. Surtout, la responsabilité pénale des supérieurs hiérarchiques pour les infractions commises par leurs subordonnés oblige les autorités à mieux remplir leurs obligations de promotion et de respect des règles du Droit International Humanitaire puisque ce dernier doit être connu de tous ces acteurs. Il faut donc tout mettre en œuvre pour barrer la route au désengagement de ceux-ci à l'égard de leurs obligations juridiques car : « Le fossé observé entre reconnaissance

[39] Voir les Quatre Conventions de Genève, respectivement en leurs articles 47/48/127/144. Le Protocole Additionnel I, article 83 et le Protocole Additionnel II, article 87.

et application des normes est le résultat d'une série de mécanismes conduisant au désengagement moral du combattant et à la perpétration de violations du Droit International Humanitaire. Le désengagement moral des combattants se fait principalement en ayant recours aux justifications des violations et à la déshumanisation de l'ennemi »[40].

L'étude de la mise en œuvre du Droit international en Centrafrique a montré que la bonne application des règles humanitaires aux sources coutumières et conventionnelles ne relève pas d'un syllogisme selon lequel, en plus d'adhérer aux instruments juridiques, on met en place quelques mécanismes institutionnels et juridictionnels en pensant que cela équivaut au respect effectif du Droit International Humanitaire. En effet, la réalité est plus compliquée. Les insuffisances sont nombreuses. Les violations sont toujours massives, récurrentes et systématiques. Malheureusement, il n'existe pas de formule universelle ou de manuel dans lequel il suffit de cocher les cases des actions prédéterminées à entreprendre. Pour que les principes vivent et restent pertinents dans des contextes changeants et conflictuels de la République Centrafricaine, la sanction, corollaire de la réparation, indispensable à l'enrayement de l'impunité, doit être priorisée. Or, la faiblesse de l'appareil judiciaire étatique et l'absence de l'autorité de l'État qui a subi une très grande déconstruction constituent des facteurs déterminants pouvant favoriser encore longtemps le non-respect des règles du Droit International Humanitaire en Centrafrique.

Quelques efforts tendant à s'inscrire davantage dans une logique volontariste devraient contribuer tant soit peu à l'effectivité du respect des règles les plus fondamentales du Droit International Humanitaire dans ce pays, sans cesse, en proie à des violences politiques et militaires inouïes. Il est important que les acteurs s'imprègnent des « valeurs jugées intangibles »[41] — du point de vue du Droit International Humanitaire — à respecter en tout temps, y compris en temps de guerre. Pour ce faire, certaines actions tendent à s'imposer comme des solutions nécessaires et incontournables pour faire mieux respecter l'obligation de la mise en œuvre du Droit

---

[40] Daniel Muñoz-Rojas et Jean-Jacques Frésard, *op. cit.* p.169-188.

[41] Yves Sandoz, « Le demi-siècle des Conventions de Genève », *RICR*, n°834, juin 1999, p. 241 et suiv.

International Humanitaire. Parmi ces actions, il y a l'intensification de la formation universitaire devenue indispensable, tant le Droit International Humanitaire est encore mal connu et insuffisamment enseigné. Ainsi, les institutions internationales comme l'UNESCO devraient encourager un tel développement.

Le développement de la formation des militaires pour les éduquer aux tâches de police pendant les conflits armés n'est pas à négliger. En même temps, il importe de former les forces de police et de sécurité intérieure à leurs tâches aussi bien pendant les situations de troubles intérieurs et de tensions internes que de conflits armés.

Au regard du succès remarquable du concours Pictet en Droit International Humanitaire et de l'enthousiasme qu'il suscite dans les pays qui l'organisent, ce concours pourrait être organisé également à l'intention des jeunes officiers des Forces de Défense et de Sécurité (FDS) en Centrafrique[42].

La fonction de conseiller juridique auprès des forces armées gagnera à être systématisée, car elle est encore peu développée en Centrafrique. Il convient donc que les autorités étatiques concernées donnent du sérieux à cette fonction importante en considération du lien entre les exigences du Droit International Humanitaire et celles des opérations militaires. Ce plaidoyer a largement été fait par le Lieutenant-Colonel Mike Newton à l'occasion de la 38ème Table Ronde sous le titre « *The Military lawyer : nuisance or necessity* », considérant la fonction de conseiller juridique comme une « nécessité opérationnelle »[43].

L'introduction d'un système de rapport sur le Droit International Humanitaire par le truchement de l'indispensable Commission nationale de Droit International Humanitaire, à l'exemple de ce qui existe en matière des droits de l'Homme, devrait permettre de demander aux gouvernements des comptes sur leur action en faveur du respect du Droit International Humanitaire, notamment en temps de paix — dans le cadre des moyens préventifs de mise en œuvre — et pendant les conflits armés qui se déroulent sur leur territoire

[42] Lire Christophe Lanord et Michel Deyra, « La diffusion en milieu universitaire-le concourt Jean-Pictet », *RICR,* n°813, 1995, p. 370 et suiv.

[43] Michael A. Newton, *Modern Military Necessity: The Role & Relevance of Military Lawyers*, 12 Roger Williams University Law Review, 2007, 877 p.

national. Il en est de même en ce qui concerne l'instruction aux forces armées et l'enseignement dans les écoles et les établissements universitaires[44].

En outre, il est incontournable de dire que pour que les efforts nationaux de la République Centrafricaine puissent aboutir et être efficaces à long terme, le gouvernement devrait en mesure de susciter de l'intérêt sur les questions de Droit International Humanitaire de sorte à pouvoir bénéficier de l'adhésion ou du soutien populaire. Aussi est-il nécessaire de réfléchir aux moyens les plus adéquats de faire soutenir ces efforts par les organismes internationaux à caractère neutre ou impartial comme le CICR, l'UNESCO ou encore la MINUSCA.

Sur le plan de la mise en œuvre par la répression, la détermination de lutter contre l'impunité devrait de plus en plus s'apercevoir dans le prolongement des jugements de crimes de guerre et de crimes contre l'humanité devant la Cour Pénale Internationale, la Cour Pénale Spéciale et les Cours criminelles en Centrafrique. Accompagnée par les autres États amis dans le cadre des relations multilatérales ou bilatérales, la République Centrafricaine gagnerait à obtenir de ces pays l'extradition des personnes qui doivent être poursuivies et punies si leur culpabilité est établie au nom du principe « *aut dedere aut judicare* »[45]. C'est ce que prescrivent les Quatre Conventions de Genève de 1949 dont chacune présente des listes d'actes bien précis considérés comme des infractions graves et qui sont constitutifs de crimes de guerre, de crimes contre l'humanité et de crimes de génocide. En effet, les Conventions, en évoquant les infractions aux règles du DIH, leur ont fixé deux niveaux et deux régimes. Ainsi, les infractions qui ne sont pas qualifiées de graves relèvent exclusivement de la compétence des États dont dépendent les auteurs de ces violations. Mais pour punir les infractions dites graves, la responsabilité incombe à la fois à l'État dont les auteurs dépendent et à l'ensemble des États Parties

[44] Lire le Rapport de la Réunion des experts gouvernementaux sur la protection des victimes de la guerre tenue à Genève du 23 au 27 janvier 1995, *Revue Internationale de la Croix Rouge* n°817, janvier-février 1996 et n°818 mars-avril 1996. Lire également Elisabeth Kornblum, « Etude comparative de différents systèmes de rapports d'autoévaluation portant sur le respect par les États, de leurs obligations internationales », *RICR,* 1995, n°811, p.43 et suiv. et n°812, p. 155 et suiv.

[45] Expression latine qui signifie littéralement « ou bien extrader ou bien juger ».

aux Conventions de Genève de 1949 dans le cadre de leur coopération judiciaire bilatérale ou multilatérale.

Par ailleurs, comme d'autres pays, la République Centrafricaine, en proie aux conflits armés récurrents depuis quelques décennies, voit apparaître, de plus en plus, les manifestations d'une nouvelle manière de mener les hostilités qui sont relayées aussi bien par la presse nationale qu'internationale. Il s'agit de l'utilisation croissante des mines antipersonnel dans certaines parties de la région ouest de la République Centrafricaine, notamment, à Paoua.

Il en est de même des armes avec de nouvelles capacités de combat telles que les drones, de plus en plus utilisés par les protagonistes des conflits armés en Centrafrique. C'est le lieu de se poser des questions sur les enjeux juridiques et techniques de ces nouvelles armes, comme nous le proposent Alan Backstrom et Henderson Ian dans un article consacré à ce sujet[46]. Les auteurs invitent les concepteurs de ces engins à prendre connaissance du Droit International Humanitaire, surtout des principes qui président à l'emploi de ces types d'armes. Ils interpellent, en outre, juristes, ingénieurs et opérateurs à réfléchir à la question.

D'autres spécialistes tels que Monsieur Peter Asaro préconisent l'interdiction pure et simple de ces types d'armes en conformité avec les normes relatives aux droits de l'Homme et aux principes humanitaires[47]. Dans cette optique, Rain Livoja insiste, quant à lui, sur la nécessité d'avoir de nouvelles réglementations pour les techniques militaires émergentes qui ont, sans nul doute, produit un grand impact sur la société en général et sur les conflits armés en particulier.

C'est d'ailleurs ce qu'on peut percevoir aujourd'hui avec les tueries massives engendrées par l'utilisation des drones sur les biens publics et privés de caractère civil et les personnes civiles pendant les hostilités en Centrafrique, ayant opposé les Groupes Armés Non-

---

[46] Alan Bakstrom et Ian Henderson, « Emergences de nouvelles capacités de combat: les avancées technologiques contemporaines et les enjeux juridiques et techniques de l'examen prévu à l'article 36 du Protocole 1 », *RICR*, volume 94, sélection française 2012/2, p. 363-400.

[47] Peter Asaro, « Droits de l'homme, automatisation et déshumanisation des prises de décisions létales : les systèmes d'armement autonomes doivent-ils être interdits ? », *RICR*, vol. 94, sélection française 2012/2, p. 489-517.

Étatiques aux Forces Armées Centrafricaines et leurs alliés russes et rwandais.

En somme, la République Centrafricaine a, jusqu'à présent, essayé d'être un bon élève de la mise en œuvre du Droit International Humanitaire, nonobstant les nombreuses insuffisances qui peuvent être comblées si cet État réussit à passer de sa situation de sortie de crise à celle de la reconstruction complète du pays.

BIBLIOGRAPHIE

Ouvrages

Chauvin Emmanuel, *La guerre en Centrafrique à l'ombre du Tchad. Une escalade conflictuelle régionale ?* Collection Etudes de l'AFD, 126 p.

Henckaerts Jean-Marie, Doswald-Beck L., *Customary international humanitarian law*, vol. II: Practice-Part 1, Vol. II: Practice-Part 2, ICRC, Cambridge, 4448 p.

Henckaerts Jean-Marie, Doswald-Beck Louise, *Droit international coutumier, vol. I : Règles,* Bruylant, CICR 2011, Genève, 878 p.

Maupas Stéphanie, *L'essentiel de la Justice Pénale Internationale*, *Guagliano Editeur*, Les Carrés, 2007, 173 p.

Pictet Jean, *Développement et Principes du Droit International Humanitaire*, Institut Henry-Dunant, Genève, et Éditions A. Pedone, Paris, 1983, 117 p.

Pictet Jean, *Commentaire de la IV ème Convention de Genève du 12 août 1945*, CICR, Genève 1956, 21 p.

Sandoz Yves (avec la collaboration de Delphine Pratlong), *Les moyens de mise en œuvre du Droit International Humanitaire, état des lieux, analyse des problèmes et éléments de réflexion*, Institut International de droit humanitaire (San Remo), Genève, juin 2005, 79 p.

Sandoz Yves, Swinarski Christophe et Zimmermann Bruno (éd.), *Commentaire des Protocoles additionnels du 08 juin 1977 aux Conventions de Genève du 12 août 1949,* CICR, Genève, 1986, 1462 p.

Sassoli Marco, Bouvier Antoine A., Quintin Anne avec la collaboration de Garcia Juliane, *Un Droit Dans La Guerre ? Cas, documents et supports d'enseignement relatifs à la pratique contemporaine du droit international humanitaire ? Volume I, Présentation du droit international humanitaire*, Seconde édition, 487 p.

Articles scientifiques

Arsandji Mahnoush H., La Rosa Anne-Marie, Scherrer Sylvie, Condorelli Luigi, (sous la dir.de) « Defending the Blue Helmets : Protection of United Nations Personnel » in : *The United Nations International Humanitarian law : Actes du Colloque International, A l'occasion du cinquantième anniversaire de l'ONU (Genève-19, 20 et 21 octobre 1995)*, Paris, Pedone, 1996, p. 115-148.

Asaro Peter, « Droits de l'homme, automatisation et déshumanisation des prises de décisions létales : les systèmes d'armement autonomes doivent-ils être interdits ? », *RICR*, vol. 94, sélection française 2012/2, p. 489-517.

Bangerter Olivier, « Les raisons pour les groupes armés de choisir de respecter le Droit International Humanitaire, ou pas », *RICR*, vol. 93, sélection française 2011/2, p. 51-84.

Bakstrom Alan et Henderson Ian, « Emergences de nouvelles capacités de combat : les avancées technologiques contemporaines et les enjeux juridiques et techniques de l'examen prévu à l'article 36 du Protocole 1 », *RICR*, vol. 94, sélection française 2012/2, p. 363-400.

Bernard Vincent, « Les opérations multinationales et le droit, -Grandes espérances, grandes responsabilités », *Revue Internationale de la Croix-Rouge, Les opérations multinationales et le droit*, Editorial, volume 95 Sélection française 2013/3 et 4, p. 5-14.

CICR, « Engaging armes groups (« Engager le dialogue avec les groupes armés »), *RICR*, n°883, p. 581-586.

CHO Sihyun, « International humanitarian law and United Nations operations in an internal armed conflict », *Korean Journal of Internaional and Comparative Law*, vol. 26, 1998.

Demba Guy-Eugène, « Accord de paix et déconstruction des conflits dans les États africains de la Conférence Internationale sur la Région des Grands Lacs », *Annales de l'Université de Bangui*, série b, vol.1, n°1, juin 2015, p. 14-21.

Detchou Dieudonné, « La Cour Pénale Spéciale (CPS) face à la répression des violations graves du droit international humanitaire », in : *La mise en œuvre des protocoles additionnels aux conventions de Genève en Afrique, problématique, défis et perspectives, Respecter et faire respecter le droit et l'action humanitaire*, Actes du Colloque Régional sur le 40ème anniversaire des protocoles additionnels aux conventions de Genève du 12 août 2949, CICR, Kinshasa, 29-30 mai 2018, p. 56-70.

Ferraro Tristan, « Applicabilité et application du Droit International Humanitaire aux forces multinationales », *RICR*, volume 95 Sélection française 2013 / 3 et 4, p. 71-125.

Gasser Hans-Peter, « International Humanitarian Law : an Introduction », in: Humanity for All : the International Red Cross and Red Crescent Movement, H. Haug (ed.), Paul Haupt Publishers, Berne, 1993, p. 510-511.

Grenfell Katarina, « Regard sur l'applicabilité et l'application du Droit International Humanitaire : le contexte onusien », *Revue Internationale de la Croix-Rouge*, vol. 95 Sélection française 2013/3 et 4, p. 137-147.

Guillaumé J. « La Cour pénale spéciale en République Centrafricaine : un modèle novateur de justice internationale ? », in J. Fernandez (dir.), *Justice pénale internationale*, Paris, *CNRS Éditions*, 2016, p. 279-302.

Hatto Ronald, « Du maintien de la paix à la consolidation de la paix : l'évolution du rôle des Nations Unies dans les opérations de paix », *RICR*, vol. 95, Sélection française 2013/3 et 4, p. 25-46.

Henckaerts Jean-Marie, « Etude sur le Droit International Humanitaire coutumier. Une contribution à la compréhension et au respect du droit des conflits armés », *RICR*, vol.87, sélection française, Droit coutumier, p. 289-330.

Howard Levie, « Prisonners of War and the Protecting Power? », AJIL, vol.55, 1961, p. 374-397.

Kleffner Jann K., « L'applicabilité du Droit International Humanitaire aux groupes armés organisés », *RICR,* vol. 93 Sélection française 2011/2, p. 141-161.

Komblum Élisabeth, « Étude comparative de différents systèmes de rapports d'autoévaluation portant sur le respect par les États, de leurs obligations internationales », *RICR,* 1995, n°811, p. 155-152.

Labbé Jérémie et Boutellis Arthur « Les opérations de maintien de la paix par procuration : conséquences des partenariats de maintien de la paix de l'ONU avec des forces de sécurité non onusiennes sur l'action humanitaire », *RICR,* vol. 95 Sélection française 2013/3 et 4, p. 47-70.

Lanord Christophe et Deyra Michel, « La diffusion en milieu universitaire-le concourt Jean-Pictet », *RICR,* n°813, 1995, p. 370-376.

Lapidoth Ruth, « Qui a droit au statut de prisonnier de guerre », *RGDIP*, vol. 1, 1978, p. 170-210.

Levie Howard, « Prisonners of War and the Protecting Power? », *AJIL*, vol.55, 1961, p. 374-397.

Mattarollo Rodolfo, « Impunity and International Law », *Revue Québécoise de Droit International*, vol. 11-1, 1998, Cinquantenaire de la Déclaration américaine des droits et devoirs de l'homme, p. 81-94.

Néel Lison, « La judiciarisation internationale des criminels de guerre : la solution aux violations graves du droit international humanitaire ? » Criminologie, 33(2), 2000, p.151–181.

Naert Frederik, « Observation du Droit International Humanitaire par les forces placées sous le commandement de l'Union Européenne », *Revue Internationale de la Croix-Rouge*, *Perspectives sur le DIH et les forces multinationale*, vol. 95 Sélection française 2013/3 et 4, p. 127-135.

Provost René, « Vers une égalité concrète en Droit International Humanitaire : réponse aux arguments de Marco Sassòli et Yuval Shany », *RICR*, vol. 93, Sélection française 2011/2, p. 134-139.

Sandoz Yves, « Le demi-siècle des Conventions de Genève », *RICR*, n°834, vol. 81, juin 1999, p. 241-264.

Sassoli Marco, « Introduire une gradation des obligations pour remédier à l'inégalité fondamentale entre les groupes armés et les États ? », *RICR*, vol. 93, Sélection française 2011/2, p.121-127.

Shany Yuval, « Réponse aux arguments présentés par Marco Sassòli », *RICR*, vol. 93 Sélection française 2011/2, p. 128-133.

Stanislaw E. Nahlik, « L'extension du statut de combattant à la lumière du Protocole I de Genève de 1977 », *RCADI*, vol.164, 1979, p. 171-249.

Zakhr Nasser « La responsabilité du supérieur hiérarchique devant les tribunaux pénaux internationaux », *Revue Internationale de Droit Pénal*, 2002/1, vol.73, p. 59-80.

Manuels et cours

La Rosa Anne-Marie, *Dictionnaire de droit international pénal*, Graduate Institute Publications, collection International, Genève, 1998, p. 5 et suiv. 120 p.

Decaux Emmanuel, De Frouville, *Droit International Public*, *Cours et travaux dirigés*, Hypercours, Dalloz 11ème édition, 2018, 645 p.

Pietro Verri, *Dictionnaire du droit international des conflits armés*, (traduit de l'italien par Inès Mottier et adapté par Antoine A. Bouvier), Comité International de la Croix-Rouge, Genève 1992, 147 p.

Union interparlementaire (UIP), Comité international de la Croix-Rouge (CICR), *Droit International Humanitaire, Guide à l'usage des Parlementaires n°25*, 2016, 140 p.

Thèses

Chauvin Emmanuel, *Violences en Centrafrique : pouvoirs de déplacer, manières de migrer. Centrafricains déplacés et réfugiés (Cameroun, Tchad),* Thèse de géographie soutenue à l'Université Paris 1 Panthéon-Sorbonne, 2015, sous la direction de Luc Cambrézy, Directeur de recherche et de Bernard Tallet, Professeur des universités, 489 p.

Ehueni Manzan Innocent, *Les accords politiques dans la résolution des conflits armés internes en Afrique*, Thèse de Doctorat, Université de la Rochelle et Université de Cocody-Abidjan, 2011, 718 p.

Textes officiels nationaux

Arrêté n°19/MSP/DIR.CAB/CMAJC.018 du 16 février 2018 qui fixe la liste des hôpitaux publics en République Centrafricaine.

Arrêté n°245/MSP/CAB/SG/CFPS du 12 septembre 1995, portant fixation des taux et modalités de paiement des prestations des établissements publics de santé en République Centrafricaine.

Arrêté n°245/MSP/CAB/SG/CFPS du 12 septembre 1995, portant fixation des taux et modalités de paiement des prestations des établissements publics de santé en République Centrafricaine.

Arrêté n°278/MSP/CAB/SG/DGSP du 18 septembre 1996 rapportant l'Arrêté n°303/MSPP/CAB/SG/DGSPP du 07 novembre 1994, portant tarification des médicaments essentiels dans les formations sanitaires publiques.

Arrêté n°278/MSP/CAB/SG/DGSP du 18 septembre 1996 rapportant l'Arrêté n°303/MSPP/CAB/SG/DGSPP du 07 novembre 1994, portant tarification des médicaments essentiels dans les formations sanitaires publiques.

Arrêté n°278/MSP/CAB/SG/DGSP du 18 septembre 1996 rapportant l'Arrêté n°303/MSPP/CAB/SG/DGSPP du 07 novembre 1994, portant tarification des médicaments essentiels dans les formations sanitaires publiques.

Décret n°00.172, du 10 juillet 2000, fixant les règles d'application de la Loi n°99.016 du 16 juillet 1999, modifiant et complétant certaines dispositions de l'Ordonnance n°93.008 du 14 juin 1993, portant Statut Général de la Fonction Publique centrafricaine.

Décret n°15.007 du 08 janvier 2015 d'Intervention Rapide et de Répression des violences sexuelles faites aux femmes et aux enfants.

Décret n°17.391 du 18 novembre 2017 portant organisation et fonctionnement des Forces Armées Centrafricaines.

Décret n°17.392 du 18 novembre 2017, portant organisation et fonctionnement de l'État-major des Armées en Centrafrique.

Décret n°80/253 fixant le taux des indemnités alloués au personnel du cadre de la santé publique et de la population du 02 mai 1980.

Loi organique n°15.003 du 03 juin 2015, portant création, organisation et fonctionnement de la cour pénale spéciale.

Loi autorisant la ratification de l'Accord de coopération judiciaire entre les États membres de la Communauté Economique et Monétaire de l'Afrique Centrale (CEMAC).

Loi n°02.10 du 03 juillet 2002, portant organisation et fonctionnement des tribunaux pour enfants.

Loi n°09.006 du 08 juin 2009 portant protection de l'emblème et du nom de Croix-Rouge.

Loi n°10.001 du 10 janvier 2010, portant Code Pénal Centrafricain.

Loi n°10.002 du 10 janvier portant Code de Procédure Pénale Centrafricain.

Loi n°11.006 du 19 décembre 2011 ratification du protocole de la Charte africaine de la jeunesse.

Loi n°11.006 du 19 décembre 2011 autorisant la ratification de la Charte Africaine de la Jeunesse, la Loi autorisant la ratification de l'Accord de coopération judiciaire entre les États membres de la Communauté Economique et Monétaire de l'Afrique Centrale (CEMAC).

Loi n°12.001 du 20 janvier 2012 autorisant la ratification des deux Protocoles Facultatifs à la Convention relative aux droits de l'enfant, l'un concernant l'implication d'enfants dans les conflits armés.

Loi n°12.003 du 12 avril 2012 fixant les principes fondamentaux du régime pénitentiaire en République Centrafricaine.

Loi n°12.004 du 10 mai 2012 autorisant la ratification de la Convention de l'Afrique Centrale pour le contrôle des armes légères et de petits calibres, de leurs munitions et de toutes pièces et composantes pouvant servir à leur fabrication, réparation et assemblage.

Loi n°12.008 du 10 mai 2012 portant application de la Convention sur l'interdiction de la mise au point, de la fabrication, du stockage et de l'emploi des armes chimiques et sur leur destruction.

Loi n°16.360 du 27 octobre 2016 portant organisation et fonctionnement du Ministère de la Défense Nationale et fixant les attributions du Ministre.

Loi n°17.012 du 24 mars 2017 portant code de justice militaire centrafricain et créant la justice militaire.

Loi n°89.003 du 23 mars 1989 fixant les principes généraux relatifs à la santé publique en Centrafrique.

Loi n°95.010 du 22 décembre 1995, portant organisation judiciaire.

Loi n°99.015 modifiant et complétant certaines dispositions de l'Ordonnance n°93.008 du 14 juin 1993, portant Statut Général de la fonction publique.

Loi n°99.017 du 24 octobre 1999, portant organisation générale de la défense nationale et de l'armée nationale.

Loi organique n°15-003 du 03 juin 2015 portant organisation et fonctionnement de la Cour Pénale Spéciale.

Loi portant Règlement de procédure et de preuve (RPP) devant la Cour pénale spéciale a été promulguée 2 juillet 2018 après son adoption par le Parlement.

Textes officiels internationaux

Conventions de Genève du 12 août 1949.

Protocoles Additionnels de 1977.

Convention de Vienne sur les relations diplomatiques de 1961.

Convention de Vienne sur les relations consulaires de 1963.

Convention de Vienne sur le droit des traités de 1969.

Divers documents et rapports

Cameron Lindsey, Demeyere Bruno, Henckaerts Jean-Marie, La Haye Eve et Niebergall-Lackner Heike, *Commentaire mis à jour de la Première Convention de Genève-un nouvel outil pour générer le respect du droit international humanitaire*, Documents et Rapports du CICR, in Georgia Journal of International & Comparative Law, vol. 45, n° 3, 2017, p.549-569.

CICR, *Editorial-comprendre et dialoguer avec les groupes armés*, in : *RICR,* vol. 93 Sélection française 2011/2, p.5-14.

CICR, *Mieux faire respecter le droit international humanitaire dans les conflits armés non internationaux*, Edition CICR, Février 2008, 36 p.

CICR, *Le droit international humanitaire et les défis posés par les conflits armés contemporains – Engagement renouvelé en faveur de la protection dans les conflits armés à l'occasion du 70e anniversaire des Conventions de Genève*, *CICR*, Rapports et Documents, novembre 2019, 92 p.

CICR, *Résolutions de la XXVIIe Conférence internationale de la Croix-Rouge et du Croissant-Rouge*, tenue du 31 octobre au 6 novembre 1999, in : *RICR*, n°836, p.849-876.

CICR, « comprendre les groupes armés et le droit applicable », in : *RICR*, vol. 93, n°882, p.261-267.

CICR, « Rapport de la réunion des experts gouvernementaux sur la protection des victimes de la guerre tenue à Genève du 23 au 27 janvier 1995 », *RICR, n°817*, janvier-février 1996, p.38-44.

FIDH, *République Centrafricaine. Oubliées, stigmatisées : la double peine des victimes de crimes internationaux*, Rapport n°457, octobre 2006, 78 p.

Human Rights Watch, *Crimes impunis : crimes de guerre, crimes contre l'humanité et la Cour pénale spéciale en République Centrafricaine*, Rapport de juillet 2017, 101 p.

Human Rights Watch, *République Centrafricaine. État d'anarchie : rébellions et exactions contre la population civile*, Rapport de septembre 2007, 116 p.

MINUSCA, *Rapport public sur les violations des Droits de l'homme et du Droit International Humanitaire en République Centrafricaine durant la période électorale*, octobre 2020, 22 p.

ONU, *République Centrafricaine : Rapport du Secrétaire général*, 16 juin 2021, 24 p.

ONU, *Le rapport final de la Commission internationale d'enquête sur la République Centrafricaine*, S/2014/928, 22 décembre 2014.

ONU, *Rapport du Projet Mapping documentant les violations graves du Droit International des Droits de l'Homme et du Droit International Humanitaire commises sur le territoire de la République Centrafricaine de janvier 2003 à décembre 2015*, mai 2017.

Jurisprudences nationales

Cour Criminelle de Bangui, Arrêt n°003 du 22 janvier 2018, Aff. MP et autres c/Ngaibona Rodrigue alias Général Andjilo, Répertoire n°003 de l'Année 2018.

Cour Criminelle de Bangui, Arrêt n°12 de février 2018, Répertoire n°14 de l'Année 2018.

Web-graphie

Bugnion François, *Jus ad bellum, jus in bello et Conflits Armés Non Internationaux.*
[En ligne] disponible sur : https://www.icrc.org/Web/fre/sitefre0.nsf/html/francois-bugnion-article-150306.

CICR, *Des structures médicales plus sûres et mieux préparées aux conflits armés et autres situations d'urgence*, CICR, octobre 2015, 72 p. [En ligne]. Disponible sur : https://www.icrc.org/fr/doc/assets/files/publications/icrc-001-4239.pdf.
CICR, *L'intégration du droit, CICR,* Genève, Suisse, juillet 2007.

Akandji-Kombé Jean-François, Maia Catherine, « La Cour Pénale Spéciale Centrafricaine : les défis de la mise en place d'une justice pénale internationalisée en République Centrafricaine », *Revue Belge de Droit International*, Edition Bruylant, Bruxelles, 2017/1, p. 129-154.
[En ligne]. Disponible sur : https://jfaki.blog/wp-content/uploads/2020/05/Jean-Francois_AKANDJI-KOMBE_Catherine_MA.pdf.

Goulet Jordan, « La Cour Pénale Internationale face au défi des contestations africaines sur sa légitimité », *Revue Québécoise de Droit International*, vol. 32, n°2, 2019, p.107-126.
[En ligne]. Disponible sur : https://doi.org/10.7202/1075171 ar.

Renault Céline, « L'impact des sanctions disciplinaires militaires sur le respect du Droit International Humanitaire », dans sa version anglaise sous le titre de « The impact of military disciplinary sanctions on compliance with international humanitarian law », *International Review of the Red Cross*, vol. 90, n° 870, p. 319-326.
[En ligne]. Disponible sur : https://international-review.icrc.org/sites/default/files/irrc-870-renaut-web-fra-final.pdf.

Confédération suisse, Département Fédéral des Affaires Etrangères, *ABC du Droit International Humanitaire.*
[En ligne]. Disponible sur : https://www.eda.admin.ch/dam/eda/fr/documents/publications/GlossarezurAussenpolitik/ABC-Humanitaeren-Voelkerrechts_fr.pdf.

CEEAC-UA, « République Centrafricaine : Le processus électoral et l'APPR-RCA au menu de la rencontre de haut niveau CEEAC-UA-ONU, tenue le 28 octobre 2020 ». [En ligne]. Disponible sur : https://ceeac-eccas.org/presidence/rca-le-processus-electoral-et-lappr-au-menu-de-la-rencontre-de-haut-niveau-ceeac-ua onu/.

CICR, Des structures médicales plus sûres et mieux préparées aux conflits armés et autres situations d'urgence, CICR, octobre 2015, 72 p. [En ligne]. Disponible sur : https://www.icrc.org/fr/doc/assets/files/publications/icrc-001-4239.pdf.

CICR, Faits et chiffres de janvier à décembre 2016, Plaquette d'information sur les activités du CICR en République Centrafricaine. Disponible en ligne sur le site du CICR : www.icrc.org.

CICR, Faits et chiffres janvier-décembre 2020, Plaquette d'information sur les activités du CICR en République Centrafricaine. Disponible en ligne sur le site du CICR : www.icrc.org.

CICR, Faits et chiffres de 2017, Plaquette d'information sur les activités du CICR en République Centrafricaine. Disponible en ligne sur le site du CICR : www.icrc.org.

CICR, Faits et Chiffres de 2018, Plaquette d'information sur les activités du CICR en République Centrafricaine. Disponible en ligne sur le site du CICR : www.icrc.org.

CICR, Faits et chiffres de 2019, Plaquette d'information sur les activités du CICR en République Centrafricaine. Disponible en ligne sur le site du CICR : www.icrc.org.

CICR, Faits et chiffres de 2020, Plaquette d'information sur les activités du CICR en République Centrafricaine. Disponible en ligne sur le site du CICR : www.icrc.org.

CICR, Faits et chiffres de janvier à décembre 2016, Plaquette d'information sur les activités du CICR en République Centrafricaine. Disponible en ligne sur le site du CICR : www.icrc.org.

CICR, Faits et chiffres de janvier à juin 2021, Plaquette d'information sur les activités du CICR en République Centrafricaine. Disponible en ligne sur le site du CICR : www.icrc.org.

CICR, Faits et chiffres des années 2014 et 2015 (juin 2014 à juillet 2015) Plaquette d'information sur les activités du CICR en République Centrafricaine. Disponible en ligne sur le site du CICR www.icrc.org.

CICR, Faits et chiffres du CICR de juin 2014 à juillet 2015, Plaquette d'information sur les activités du CICR en République Centrafricaine. Disponible en ligne sur le site du CICR : www.icrc.org.

CICR, Faits et chiffres du CICR janvier à décembre 2016, Plaquette d'information sur les activités du CICR en République Centrafricaine. Disponible en ligne sur le site du CICR : www.icrc.org.

CICR, Faits et chiffres, janvier-décembre 2015 à août 2015, Plaquette d'information sur les activités du CICR en République Centrafricaine. Disponible en ligne sur le site du CICR : www.icrc.org.

CICR, Faits et chiffres, janvier-décembre 2016, Plaquette d'information sur les activités du CICR en République Centrafricaine. Disponible en ligne sur le site du CICR : www.icrc.org.

CICR, Faits et chiffres, janvier-décembre 2017, Plaquette d'information sur les activités du CICR en République Centrafricaine. Disponible en ligne sur le site du CICR : www.icrc.org.

CICR, Faits et chiffres, janvier-décembre 2018, Plaquette d'information sur les activités du CICR en République Centrafricaine. Disponible en ligne sur le site du CICR : www.icrc.org.

CICR, janvier-avril 2019, Plaquette d'information sur les activités du CICR en République Centrafricaine. Disponible en ligne sur le site du CICR : www.icrc.org.

CICR, janvier-décembre 2020, Plaquette d'information sur les activités du CICR en République Centrafricaine. Disponible en ligne sur le site du CICR : www.icrc.org.

CICR, janvier-juin 2021, Plaquette d'information sur les activités du CICR en République Centrafricaine. Disponible en ligne sur le site du CICR : www.icrc.org.

CICR, Les commissions et autres instances nationales de Droit International Humanitaire lignes directrices pour une mission réussie vers le respect et la mise en œuvre du Droit International Humanitaire, CICR, juillet 2029, 92 p.
[En ligne]. Disponible sur : https://library.icrc.org/library/docs/DOC/icrc-4367-001.pdf.

CICR, Les Lois de la guerre, Film, CICR, 2014.
[En ligne]. Disponible sur
https://www.youtube.com/watch?v=l64JaiDR6zQ&feature=youtu.be.

CICR, Les sept Principes fondamentaux de la Croix-Rouge : humanité, impartialité, neutralité, indépendance, volontariat, unité et universalité.
[En ligne]. Disponible sur : :
https://www.google.com/search?q=CONFERENCE+INTERNATIONALE+DE+LA+CROIX+ROUGE+1999&client=firefox-b-d&biw=924&bih=513&sxsrf=AJOqlzUnV3yZ2BQT8c-Sg6820b-iqJdRtA%3A1678276350123&ei=_nYIZPigB6mbkdUPrJ-SwAg&ved=0ahUKEwj4l7zNosz9AhWpTaQEHayPBIgQ4dUDCA8&uact=5&oq=CONFERENCE+INTERNATIONALE+DE+LA+CROIX+ROUGE+1999&gs_lcp=Cgxnd3Mtd2l6LXNlcnAQAzIHCCMQ6gIQJzIHCCMQ6gIQJzIHCCMQ6gIQJzIHCCMQ6gIQJzIHCCMQ6gIQJzIHCCMQ6gIQJzIHCCMQ6gIQJzIHCCMQ6gIQJzIHCCMQ6gIQJzIHCCMQ6gIQJzoECAAQR0oECEEYAFC5CVjchQFgoYwBaAFwAngAgAEAiAEAkgEAmAEAoAEBsAEKyAEFwAEB&sclient=gws-wiz-serp.

CICR, Module de formation en ligne du CICR, « Qu'est-ce que le Droit International Humanitaire ? ».
[En ligne]. Disponible sur : https://app.icrc.org/elearning/M1/index.html.

CICR, Renforcer la protection dans les conflits armés à travers le droit interne et les pratiques nationales, Document de synthèse, CICR, Genève, 2017.

[En ligne]. Disponible sur :
https://www.icrc.org/fr/publication/enchancing-protection-armed-conflit-through-domestic-law-and policy.
[En ligne]. Disponible sur : https://www.icrc.org/fr/document/tableau-des-commissions-et-autres-instances-nationales-de-droit-international-humanitaire.

Confédération suisse, Département Fédéral des Affaires Etrangères, ABC du Droit International Humanitaire.
[En ligne] Disponible sur :
https://www.eda.admin.ch/dam/eda/fr/documents/publications/GlossarezurAussenpolitik/ABC-Humanitaeren-Voelkerrechts_fr.pdf.

CPI, Situation en République Centrafricaine II », Rapport établi au titre de l'article 53-1, Résumé analytique, 24 septembre 2014.
[En ligne] Disponible sur : https://www.icc-cpi.int/iccdocs/otp/Art_53_1_Report_CAR_II_24Sept14_FRA.pdf.

Graditzky Thomas, « La responsabilité pénale individuelle pour violation du droit international humanitaire applicable en situation de conflit arme non international ».
[En ligne]. Disponible sur : https://international-review.icrc.org/sites/default/files/S0035336100062973a.pdf.

Khalid Chegraoui, « La République centrafricaine : un conflit endémique et de nouveaux acteurs », *Policy Brief*, juillet 2019, 9 p.
[En ligne]. Disponible sur: www.policycenter.ma. Dernière consultation le 18.04.2024.

Michael A. Newton, *Modern Military Necessity: The Role & Relevance of Military Lawyers*, Roger Williams University Law Review.
Disponible sur :
https://scholarship.law.vanderbilt.edu/faculty-publications/639. Dernière consultation le 18.04.2024.

ONU, « Rapport enregistré sous le numéro A/CN.4/507/Add.2 », Commission du Droit International, Cinquante-deuxième session Genève, 1er mai-9juin, 10 juillet-18 août 2000, Troisième rapport sur la responsabilité des États, présenté par James Crawford, Rapporteur Spécial, paragraphe 267.
[En ligne]. Disponible sur :
http://www.un.org/law/ilc/sessions/52/52docs.html.

Ramcharam, B.G. « A reporting system for international humanitarian law? », Yearbook of International Institute of Humanitarian Law, 1989-1990. Relief web. [En ligne]. Disponible sur :
https://reliefweb.int/report/central-african-republic/rca-laprd-lecole-du-droit-international-humanitaire.

Tribunal Pénal International pour l'ex-Yougoslavie (TPIY), Chambre d'Appel, Arrêt rendu le 15 juillet 1999 dans l'Affaire n° IT-94-1-A.

[En ligne]. Disponible à l'adresse
https://www.icty.org/x/cases/tadic/acjug/fr/tad-991507f.pdf. Consulté le
10.09.2023.

Annexe 1 : Loi portant protection de l'emblème de la Croix-Rouge et du Croissant-Rouge en Centrafrique

LOI N° 09

PORTANT PROTECTION DE L'EMBLEME ET
DU NOM CROIX-ROUGE EN REPUBLIQUE
CENTRAFRICAINE

L'ASSEMBLEE NATIONALE A DELIBERE
ET ADOPTE,

LE PRESIDENT DE LA REPUBLIQUE,
CHEF DE L'ETAT

PROMULGUE LA LOI DONT LA TENEUR SUIT :

CHAPITRE 1ER

DES DISPOSITIONS GENERALES

Art. 1er : Sans préjudice des dispositions pertinentes des conventions relatives à l'application du Droit International Humanitaire, dûment ratifiées par la République Centrafricaine, notamment les Conventions de Genève du 12 août 1949 et leurs Protocoles Additionnels I et II du 08 juin 1977 ainsi que le règlement sur l'usage de l'Emblème de la Croix-Rouge adopté par la XXème conférence internationale de la Croix-Rouge en 1965 et révisé en 1991, la présente loi régit l'usage et la protection de l'Emblème et du nom Croix-Rouge en temps de paix ou de conflit armé.

Sont également protégés par la présente loi, les signaux distinctifs destinés à identifier les unités et les moyens de transport sanitaires conformément à l'annexe I au Protocole Additionnel I de 1977.

Art. 2 : L'Emblème « Croix-Rouge » est une Croix-Rouge à quatre branches d'égales dimensions sur le fond blanc. La croix est réalisée par deux (02) traverses, l'une verticale et l'autre horizontale, se coupant en leur milieu. La croix ne touche les bords ni du drapeau, ni de l'écusson.

La Croix-Rouge est l'élément dominant de l'Emblème. Aucune inscription ni aucun dessein ne figure sur la croix ou sur le fond blanc.

CHAPITRE II

DE L'USAGE DE L'EMBLEME ET DU NOM CROIX - ROUGE

Art. 3 : L'Emblème Croix-Rouge peut servir à deux usages : l'un à titre protecteur et l'autre à titre indicatif.

A titre protecteur

En temps de conflit armé, l'Emblème est utilisé à titre protecteur. Il est la manifestation visible de la protection accordée au personnel sanitaire ainsi qu'aux moyens de transport sanitaire, terrestre, maritime et aérien par les Conventions de Genève et leurs Protocoles Additionnels. Il doit être identifiable d'aussi loin que possible et d'aussi grande dimension que les circonstances le justifient.

A titre indicatif

L'Emblème de la Croix-Rouge peut également être utilisé à titre indicatif ou d'appartenance, pour montrer qu'une personne ou un bien possède un lien avec une Institution de la Croix-Rouge. Dans ce cas, l'Emblème est de petite dimension.

Art. 4 : Tout usage de l'Emblème et du nom Croix-Rouge est soumis au respect des principes fondamentaux du Mouvement International de la Croix–Rouge et du Croissant Rouge.

Le Comité International de la Croix-Rouge et la Fédération Internationale des sociétés de la Croix-Rouge et du croissant Rouge peuvent utiliser l'Emblème en tout temps et pour toutes leurs activités.

Art. 5 : Nul ne doit faire usage de l'Emblème et du nom de la Croix–Rouge sans être autorisé par les dispositions des Conventions de Genève de 1949 et les Protocoles Additionnels ou de la présente loi.

CHAPITRE III

DE L'USAGE PROTECTEUR DE L'EMBLEME

Art. 6 : A titre protecteur, l'Emblème de la Croix–Rouge est le symbole de la protection conférée par le Droit International Humanitaire aux personnes et aux biens notamment aux édifices, aux moyens de transport terrestre, maritime et aérien en temps de conflit international ou interne.

Sous le contrôle et l'autorisation du Président Nati[illegible] l'Emblème, peut servir, en temps de paix, d'événem[illegible] drainant des foules et à l'identification des [illegible] membres de la Croix-Rouge Centrafricaine dûment enregistrés auprès d'un comité local.

Art. 7 : Peuvent faire usage de l'Emblème ou sont signalés au moyen de ce dernier, les personnes, les unités et les moyens logistiques ci-après désignés :

- sous le contrôle du Ministère de la Défense nationale, le service de santé des Forces armées de la République Centrafricaine, en temps de paix ou de conflit armé, pour signaler son personnel sanitaire, ses unités et moyens de transport sanitaire, terrestre, maritime et aérien ainsi que le personnel religieux attaché aux Forces armées. Le personnel sanitaire et religieux porte un brassard ou un dossard et une carte d'identité munis de l'Emblème, qui sont délivrés par le Président National de la Croix-Rouge Centrafricaine ;

- avec l'autorisation expresse du Ministère de la Santé Publique et du Président National de la Croix-Rouge Centrafricaine et sous leur contrôle en temps de paix comme en temps de guerre, le personnel sanitaire civil, les hôpitaux et autres unités sanitaires civils ainsi que les moyens de transport sanitaire civil affectés en particulier à l'évacuation, au transport et au traitement des blessés, malades et naufragés. Le personnel religieux civil attaché à ces hôpitaux ou à ces unités sanitaires peut se faire reconnaître de la même manière. Le personnel sanitaire et religieux civils porte un brassard et une carte d'identité munis de l'Emblème, qui sont délivrés par le Président National de la Croix-Rouge Centrafricaine ;

- avec l'autorisation du Ministère de la Défense nationale, le personnel sanitaire de la Croix-Rouge Centrafricaine ainsi que ces unités et moyen de transport sanitaire mis à la disposition du service de santé des Forces armées. Ce personnel et ses biens sont soumis aux lois et règlements militaires.

Le personnel porte un brassard ou un dossard et une carte d'identité munis de l'Emblème, qui sont délivrés par le Président National de la Croix-Rouge Centrafricaine.

La Croix-Rouge Centrafricaine peut également utiliser l'Emblème à titre protecteur pour son personnel, ses unités et moyens de transports sanitaires selon l'alinéa 2 du présent article.

CHAPITRE IV

DE L'USAGE INDICATIF DE L'EMBLEME

Art. 8 : La Croix-Rouge Centrafricaine est autorisée à utiliser l'Emblème à titre indicatif pour montrer qu'une personne ou un bien possède un lien avec elle. L'Emblème utilisé à cet effet est de petite dimension et accompagné du nom Croix-Rouge Centrafricaine en abrégé CRCA.

Dans ce cas, la Croix-Rouge Centrafricaine respecte et applique le règlement sur l'usage de l'Emblème de la Croix Rouge ou du Croissant Rouge.

Art. 9 : Les Sociétés étrangères de la Croix-Rouge ou du Croissant Rouge présentes sur le territoire de la République Centrafricaine utilisent, avec l'autorisation de la Croix-Rouge Centrafricaine, l'Emblème dans les mêmes conditions fixées à l'article 8 ci-dessus.

Art. 10 : Le Président National de la Croix-Rouge Centrafricaine est habilité à autoriser conformément aux Statuts et au Règlement Intérieur, toute autre personne à utiliser l'Emblème à titre indicatif.

Il en informe les autorités compétentes.

Art. 11 : L'usage à titre indicatif de l'Emblème est une prérogative exclusive de la Croix-Rouge Centrafricaine.

L'Emblème peut être constitué de médaillons, de macarons, d'autocollants, de foulards, de fanions, d'étendards brassards, de dossards, de gadgets ou de tout autre signe ou support servant à la promotion de la Croix-Rouge Centrafricaine.

CHAPITRE V

DE LA PROTECTION DE L'EMBLEME ET DU NOM CROIX-ROUGE

Art. 12 : L'Emblème et le nom Croix-Rouge sont protégés par les textes en vigueur relatifs aux marques et modèles déposés.

L'enregistrement d'associations, de raisons sociales, de commerces, de dépôts de marque de fabrique, de dessins et modèles industriels utilisant l'Emblème de la Croix-Rouge ou le nom Croix-Rouge est interdit.

Art. 13 : Sous réserve des dispositions des chapitres II, III et IV de la présente loi, la Croix-Rouge Centrafricaine a le droit d'usage exclusif de l'Emblème à titre indicatif et du nom Croix-Rouge sur toute l'étendue du territoire national.

La Croix-Rouge Centrafricaine est la seule Institution habilitée à :

- faire imprimer ou produire l'Emblème Croix-Rouge ;
- délivrer des diplômes, des certificats, des cartes et des attestations frappés de l'Emblème Croix-Rouge.

CHAPITRE VI

DU CONTROLE ET DES SANCTIONS

Art. 14 : Les autorités compétentes de la République Centrafricaine veillent en tout temps au respect des règles relatives à l'utilisation de l'Emblème, de la dénomination et des signaux distinctifs de la Croix-Rouge. Elles exercent un contrôle strict sur les personnes autorisées à les utiliser, conformément aux dispositions de la présente loi.

Elles prennent toutes les mesures appropriées pour prévenir les abus, en diffusant aussi largement que possible les règles y relatives auprès des Forces armées, de la police, des autorités et de la population civile.

Art. 15 : La Croix-Rouge Centrafricaine collabore avec les autorités dans leurs efforts pour prévenir et réprimer tout abus. Elle peut proposer aux organes chargés du contrôle de l'application de la présente loi des mesures nécessaires pour garantir un usage correct de l'Emblème et des autres signes distinctifs. Elle a le droit de participer à leur protection pénale, civile ou administrative et de dénoncer tout abus aux autorités compétentes.

Art. 16 : En vue d'assurer le contrôle de la présente loi, les autorités compétentes concernées ont le droit et l'obligation de :

- ordonner le retrait de l'Emblème de la Croix-Rouge utilisé dans des conditions contraires aux dispositions de la présente loi ;

- ordonner la saisie des matériels marqués en violation de la présente loi et la destruction des instruments ayant servi à leur reproduction ;

- ordonner l'ouverture d'une procédure judiciaire en cas de violation des dispositions de la présente loi.

Art. 17 : Est punie conformément au Code pénal de la République Centrafricaine, toute personne physique ou morale qui :

- intentionnellement et sans y avoir droit, fait usage de l'Emblème indicatif ou protecteur de la Croix-Rouge, des noms Croix-Rouge, d'un signal distinctif ou de tout autre signe, dénomination ou signal, constituant une imitation ou pouvant prêter à confusion, quel que soit le but de cet usage ;

- fait figurer, lesdits Emblèmes ou noms sur des enseignes, affiches, annonces, prospectus, papiers de commerce et les appose sur des marchandises, emballages marqués et mis en vente ou en circulation.

Art. 18 : Est punie conformément au Code pénal de la République Centrafricaine toute personne qui, intentionnellement, commet ou donne l'ordre de commettre, des actes ayant entraîné la mort ou causé des atteintes graves à l'intégrité physique ou à la santé d'un adversaire en utilisant de manière abusive l'Emblème de la Croix-Rouge ou un des signaux distinctifs.

L'usage abusif de l'Emblème de la Croix-Rouge ou de l'un des signaux distinctifs est considéré comme un crime de guerre.

CHAPITRE VII

DES DISPOSITIONS FINALES

Art. 19 : Les unités sanitaires faisant usage de l'Emblème et du nom Croix-Rouge et ne remplissant pas les conditions fixées par la présente loi ont trois (03) mois à compter de la date de sa promulgation pour se mettre à jour.

Art.20 : Les ministères en charge de la Justice, de la Défense nationale, de l'Intérieur, des Affaires Sociales et de la Santé Publique ainsi que la Croix-Rouge Centrafricaine sont chargés de l'application de la présente loi.

Art. 21 : La présente loi sera enregistrée et publiée au Journal Officiel.

Fait à Bangui, le 03 JUIN 2009

République Centrafricaine
Le Président

LE GENERAL D'ARMEE
François BOZIZE

Annexe 2 : Le code du soldat centrafricain

CODE DU SOLDAT

1) En mission sur l'ensemble du territoire national, tu dois respecter les droits et les libertés reconnus à tout citoyen par la constitution ;

2) Soldat de la Nation, tu es conscient que chacun de tes actes engage la responsabilité de l'ensemble des Forces de Défense et de Sécurité ;

3) Tu gardes à l'esprit que tu dois entretenir et restaurer, là où c'est nécessaire, la confiance qui lie le citoyen aux Forces de Défense et de Sécurité ;

4) Fier d'être soldat, tu le montres dans ta tenue toujours élégante, ton comportement toujours digne et modeste, ton casernement toujours propre ;

5) Respectueux des traditions, attaché à tes chefs, la discipline et la camaraderie sont tes forces, le courage et la loyauté tes vertus ;

6) Pour des raisons de sécurité et pour ne pas effrayer la population, tu roules à allure modérée et ralentis dans les villages et villes si tu es conducteur d'un engin ;

7) En toute circonstance et en tout lieu, tu dois éviter d'exercer des sévices sur la population et de te livrer à des tracasseries ;

8) Au combat tu agis sans passion et sans haine, tu respectes les ennemis vaincus, tu n'abandonnes jamais ni tes morts, ni tes blessés, ni tes armes ;

9) Soldat professionnel, tu dois donner l'image d'une force tranquille, tu restes vigilant et ne baisses pas la garde notamment à l'abord des check points et dans les mesures à prendre lors des situations nocturnes ;

10) Soucieux de régler les situations délicates plus que de les envenimer, tu privilégies la discussion à une attitude agressive.

TABLE DES MATIÈRES

STRUCTURES ÉDITORIALES DU GROUPE L'HARMATTAN

L'HARMATTAN ITALIE
Via degli Artisti, 15
10124 Torino
harmattan.italia@gmail.com

L'HARMATTAN HONGRIE
Kossuth l. u. 14-16.
1053 Budapest
harmattan@harmattan.hu

L'HARMATTAN SÉNÉGAL
10 VDN en face Mermoz
BP 45034 Dakar-Fann
senharmattan@gmail.com

L'HARMATTAN CAMEROUN
TSINGA/FECAFOOT
BP 11486 Yaoundé
inkoukam@gmail.com

L'HARMATTAN BURKINA FASO
Achille Somé – tengnule@hotmail.fr

L'HARMATTAN GUINÉE
Almamya, rue KA 028 OKB Agency
BP 3470 Conakry
harmattanguinee@yahoo.fr

L'HARMATTAN RDC
185, avenue Nyangwe
Commune de Lingwala – Kinshasa
matangilamusadila@yahoo.fr

L'HARMATTAN CONGO
219, avenue Nelson Mandela
BP 2874 Brazzaville
harmattan.congo@yahoo.fr

L'HARMATTAN MALI
ACI 2000 - Immeuble Mgr Jean Marie Cisse
Bureau 10
BP 145 Bamako-Mali
mali@harmattan.fr

L'HARMATTAN TOGO
Djidjole – Lomé
Maison Amela
face EPP BATOME
ddamela@aol.com

L'HARMATTAN CÔTE D'IVOIRE
Résidence Karl – Cité des Arts
Abidjan-Cocody
03 BP 1588 Abidjan
espace_harmattan.ci@hotmail.fr

NOS LIBRAIRIES EN FRANCE

LIBRAIRIE INTERNATIONALE
16, rue des Écoles
75005 Paris
librairie.internationale@harmattan.fr
01 40 46 79 11
www.librairieharmattan.com

LIBRAIRIE DES SAVOIRS
21, rue des Écoles
75005 Paris
librairie.sh@harmattan.fr
01 46 34 13 71
www.librairieharmattansh.com

LIBRAIRIE LE LUCERNAIRE
53, rue Notre-Dame-des-Champs
75006 Paris
librairie@lucernaire.fr
01 42 22 67 13

www.ingramcontent.com/pod-product-compliance
Lightning Source LLC
LaVergne TN
LVHW021210061026
849535LV00008B/2662